El AMOR
COMO UN
ESTILO
DE VIDA

UNA AVENTURA DE 90 DÍAS PARA
HACER DEL AMOR UN HÁBITO DIARIO

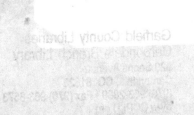

GARY CHAPMAN
y ELISA STANFORD

El AMOR
COMO UN
ESTILO
DE VIDA

DEVOCIONAL

Unilit   Sepa

©Publicado por
Editorial Unilit
Miami, FL 33172
Derechos reservados

© 2012 Editorial Unilit (Spanish translation)
Primera edición 2012

© 2008 por Gary Chapman
Originalmente publicado en inglés con el título:
Love As a Way of Life Devotional por Gary Chapman.
Publicado por *WaterBrook Press*, un sello de
The Crown Publishing Group, una división de Random House, Inc.,
12265 Oracle Boulevard, Suite 200, Colorado Springs, CO 80921 USA
Publicado en español con permiso de *WaterBrook Press*, un sello de
The Crown Publishing Group, una división de Random House, Inc.
(This translation published by arrangement with WaterBrook Press, an imprint of *The Crown Publishing Group*, a
division of Random House, Inc.)

Todos los derechos de publicación con excepción del idioma inglés son contratados exclusivamente por GLINT,
P O Box 4060, Ontario, California 91761-1003, USA.
(All non-English rights are contracted through: Gospel Literature International, P O Box 4060, Ontario,
CA 91761-1003, USA.)

Traducción: *Adriana E. Tessore de Firpi*
Edición: *Nancy Pineda*
Ilustraciones de la cubierta: © 2012 Brandi B, Ajay Shrivastava. Usadas con permiso de Shutterstock.com.

A menos que se indique lo contrario, las citas bíblicas se tomaron de la Santa Biblia, *Nueva Versión Internacional*.
© 1999 por la Sociedad Bíblica Internacional.
El texto bíblico indicado con «NTV» ha sido tomado de la Santa Biblia, Nueva Traducción Viviente, © Tyndale
House Foundation 2008, 2009, 2010. Usado con permiso de Tyndale House Publishers, Inc., 351 Executive Dr.,
Carol Stream, IL 60188, Estados Unidos de América. Todos los derechos reservados.
El texto bíblico señalado con RVC ha sido tomado de la Reina Valera Contemporánea ™ © Sociedades Bíblicas
Unidas, 2009, 2011.
Antigua versión de Casiodoro de Reina (1569), revisada por Cipriano de Valera (1602). Otras revisiones: 1862,
1909, 1960 y 1995.
Las citas bíblicas señaladas con DHH se tomaron de Dios Habla Hoy, la Biblia en Versión Popular por la Sociedad
Bíblica Americana, Nueva York. Texto © Sociedades Bíblicas Unidas 1966, 1970, 1979.
Las citas bíblicas señaladas con LBD se tomaron de la Santa Biblia, *La Biblia al Día*. © 1979 por la Sociedad Bíblica
Internacional.
Las citas bíblicas señaladas con TLA se tomaron de la *Biblia para todos*, © 2003. Traducción en lenguaje actual, ©
2002 por las Sociedades Bíblicas Unidas. Usadas con permiso.

Las cursivas en las citas bíblicas reflejan los énfasis añadidos por el autor.

El autor hizo todo lo posible por garantizar la exactitud de las historias y las anécdotas en este libro. En algunos
casos, se cambiaron los nombres y los detalles distintivos a fin de proteger la privacidad de la persona o las
personas involucradas.

Producto 495715 • ISBN 0-7899-1752-1 • ISBN 978-0-7899-1752-2

Impreso en Colombia / *Printed in Colombia*

Categoría: Vida cristiana /Relaciones /Devocional
Category: Christian Living /Relationships /Devotional

Dedicado a la Dra. Shelley Chapman McGuirt.

AGRADECIMIENTOS

Me siento profundamente agradecido con mi familia de origen: Sam, Grace y Sandra. Mi papá, mi mamá y mi hermana me dieron a probar por primera vez el amor. Solo me queda mamá. Con sus noventa y siete años, me dice: «No estaré aquí mucho tiempo más y eso está bien». Habiendo trabajado durante años con familias disfuncionales, soy consciente de lo afortunado que soy por crecer en una familia donde reinaba el amor.

También he aprendido mucho acerca del amor de mi esposa, Karolyn, que por más de cuarenta años ha sido mi principal apoyo. A nuestra hija Shelley y a nuestro hijo Derek los amamos desde que nacieron y ahora nos corresponden amándonos a nosotros y a todos con los que se encuentran. Este libro está dedicado a Shelley. Personifica el amor como nadie. Estoy agradecido de ser su padre.

Disfruté de trabajar junto a Elisa Stanford en este proyecto. Se ocupó de muchas de las historias que aparecen en estas páginas. Su diligencia nos permitió terminar el libro en el tiempo previsto. El editor principal Ron Lee y la editora de la producción Pamela Shoup de *WaterBrook Multnomah Publishing Group* fueron también de enorme ayuda. Fue un placer trabajar con ellos.

AGRADECIMIENTOS

CONTENIDO

Tercera parte: Paciencia

Cuarta parte: Perdón

Quinta parte: Cortesía

Sexta parte: Humildad

Séptima parte: Generosidad

Octava parte: Sinceridad

Novena parte:
HAZ DEL AMOR UN ESTILO DE VIDA DE TODOS LOS DÍAS

INTRODUCCIÓN

Cristo anhela que sus seguidores amen como ama Él. «Este mandamiento nuevo les doy: que se amen los unos a los otros. Así como yo los he amado, también ustedes deben amarse los unos a los otros» (Juan 13:34). Cristo no solo eleva el estándar del amor, sino que también se ofrece a sí mismo como modelo. Cuando amamos a la manera de Cristo, les mostramos a los demás el amor de Dios.

En el libro *El amor como forma de vida*, menciono las siete características distintivas de una persona que ama: bondad, paciencia, perdón, cortesía, humildad, generosidad y sinceridad. Estoy convencido de que cuando reflejamos estas cualidades en la vida diaria con los vecinos, los familiares, los compañeros de trabajo y hasta con los desconocidos, reflejaremos el amor de Cristo.

Si bien *El amor como forma de vida* intenta desafiarte a la acción, este libro devocional se diseñó para hablarle a tu corazón de modo que puedas conocer más del amor de Dios en tu propia vida, mientras aprendes a amar más a otros. Este libro está dividido en breves lecturas que siguen el orden de los rasgos del carácter de una persona que ama, según *El amor como forma de vida*. Además, se incluyen tres lecturas introductorias y tres finales. En vistas de la variedad de relatos, versículos y sugerencias, los dos libros se complementan entre sí.

Todas las lecturas devocionales se hicieron de forma expresa para un tiempo devocional con Dios, ya sea lo primero que hagamos por la mañana, lo último en la noche o durante una pausa en medio del día. Mi esperanza es que mis palabras sean el trampolín para la oración en tu vida. Con eso en mente, después de cada devocional incluí una breve oración, un pensamiento o una idea relacionada con la posibilidad de fortalecer tu relación con Dios y motivarte a una vida de amor.

Dios desea que sus seguidores sean canales de su amor. Quiera Él que este pequeño libro sirva para atraerte hacia Dios a fin de que seas lleno «de la plenitud de Dios» (Efesios 3:19) y descubras el gozo de ver el amor de Cristo que fluye desde ti hacia otros todos los días.

PRIMERA PARTE

EL AMOR COMO UN NUEVO ESTILO DE VIDA

El amor como un nuevo estilo de vida

Historias antes de dormir

Estoy convencido de que ni la muerte ni la vida,
ni los ángeles ni los demonios, ni lo presente
ni lo por venir, ni los poderes, ni lo alto ni lo
profundo, ni cosa alguna en toda la creación,
podrá apartarnos del amor que Dios nos ha
manifestado en Cristo Jesús nuestro Señor.

ROMANOS 8:38-39

Cuando mis nietos eran pequeños, les leía muchos libros sobre el campo, el abecedario y los buenos modales. Un tema más sutil entre los libros ilustrados para niños es el amor incondicional. «Mamá, ¿me quieres?», le pregunta un niño a su madre. «¿Cuánto me amas?», le pregunta un conejito a su papá. Con una variedad de entornos y personajes, innumerables libros representan a los niños con preguntas tales como: «¿Qué pasa si me escapo? ¿Qué sucede si te hiero? ¿Y si me voy a la luna o rompo un jarrón o golpeo a mi hermana? ¿Seguirías amándome?».

«Sí», dicen los padres. «Te amo a pesar de todo. Siempre voy a amarte».

Las agradables historias antes de dormir reflejan una necesidad universal que no abandonamos jamás: la necesidad de saber que alguien, en algún lugar, nos ama sin límite ni condición. Qué maravilloso regalo nos entregamos unos a otros cuando transmitimos esa clase de amor todos los días. Quizá no lo expresemos con palabras. Incluso podemos preferir amar al *no* hablar, sino siendo pacientes ante la frustración, amables cuando alguien nos trata con rudeza o humildes cuando sería sencillo mencionar nuestros logros. Sin embargo, en cada caso en que nos proponemos hacer que el amor sea nuestro estilo de vida, afirmamos lo que cada uno de nosotros necesita escuchar y lo que Dios nos dice cada día: Eres amado. Sin condiciones. Por siempre y para siempre.

PENSAMIENTO

¿De qué manera cambiarían tus pensamientos y tus acciones durante las próximas veinticuatro horas la convicción de que Dios en verdad te ama a pesar de todo?

El amor como un nuevo estilo de vida

Fácil de hallar

> Ahora, pues, permanecen estas tres virtudes: la fe,
> la esperanza y el amor. Pero la más excelente de
> ellas es el amor.
>
> 1 Corintios 13:13

«Es fácil hallar a Mary Jo», le dice Richard, de siete años, a un visitante del refugio. «Busca a alguien amable que esté sonriendo siempre. También es una persona que ora mucho. Puedes encontrarla orando, cantando o ayudando a otros».

No es de extrañar que a la gente no le resulte difícil reconocer a Mary Jo Copeland. Es la eficiente ama de casa que les lava los pies cansados a los desamparados antes de darles calcetines limpios y calzado nuevo. «Cuida tus pies», les aconseja a los que brinda su ayuda. «Deben llevarte un largo trecho en este mundo y después en tu recorrido hasta el reino de Dios». Es la mujer que en otro tiempo enfrentó una profunda depresión, pero que ahora recibe a los necesitados con una sonrisa de gozo. «Yo me acerco a las personas tal y como son, no como a mí me gustaría que fueran», expresa Mary Jo.

Como fundadora y directora de *Sharing and Caring Hands*, una organización sin fines de lucro que se ocupa de los marginados en Minneapolis, Copeland supervisa una amplia gama de servicios que ayuda a miles de personas y familias a encontrar alimento, hogar y un nuevo comienzo en la vida. «Cuando alguien se está hundiendo, haces algo más que lanzarle un salvavidas. Te metes en el agua».

Ya sea que nuestra misión principal sea parecida a la de Mary Jo Copeland o que esté centrada en nuestro hogar o ámbito laboral, cada vez que elegimos amar a alguien en un mundo con falta de amor nos damos a conocer como seguidores de Cristo. Decidimos permanecer firmes, no por lo que conseguimos, sino por nuestra disposición de hacer sacrificios. Al igual que Jesús, reflejamos el gozo que viene de ser personas auténticas que aman y tienen éxito en ser «fáciles de hallar».

ORACIÓN

Señor, mi mayor anhelo es que la principal impresión que la gente tenga de mí sea que amo a los demás.

El amor como un nuevo estilo de vida

El poder de amar

He sido crucificado con Cristo, y ya no vivo yo
sino que Cristo vive en mí.

Gálatas 2:20

La mayoría de las religiones del mundo se basan en el esfuerzo humano. Algunas religiones alientan la meditación y la repetición de mantras diseñados para liberar la mente de los deseos egoístas. Otras religiones enfatizan la entrega de limosnas, repetir rezos o hacer una peregrinación. Sin embargo, como cristianos, sabemos que jamás podremos hacer el bien ni amar a otros con nuestras propias fuerzas. Estamos llenos de fallas en lo moral y, dejados a nuestra suerte, nos concentraremos en nosotros mismos. Buscaremos nuestra propia felicidad y no lo que sea mejor para quienes nos rodean.

Conocedores de la realidad de nuestras debilidades, podemos hallar gran libertad en el reconocimiento de que la clave para ser una persona que ama no descansa en nosotros, sino en Dios. El amor de *Dios* es el que deseamos expresar y no un amor hecho por nosotros. El Espíritu de Dios es el que derrama amor en nosotros y nos capacita para dárselo a otros (lee Romanos 5:5). Además, la vida, la muerte y la resurrección de Cristo son las que nos dan una nueva perspectiva de la vida. Esa perspectiva radical no se centra en nosotros, sino en nuestro Creador. Tenemos amor más que suficiente para ofrecerles a los demás porque más allá de todo lo que existe en el universo hay un Dios personal que nos ama y desea expresar su amor por medio de nosotros.

Oración

*Espíritu Santo, deseo recibir tu amor y expresarles
ese amor a otros.*

SEGUNDA PARTE

BONDAD

Instrumentos de paz

¡Qué hermosos son, sobre los montes, los pies del que trae buenas nuevas; del que proclama la paz, del que anuncia buenas noticias, del que proclama la salvación, del que dice a Sión: «Tu Dios reina»!

ISAÍAS 52:7

Hace más de ochocientos años, Francisco de Asís oró: «Señor, hazme un instrumento de tu paz. Donde haya odio, siembre yo amor; donde haya injuria, perdón; donde haya duda, fe; donde haya desaliento, esperanza; donde haya tinieblas, luz; donde haya tristeza, alegría». A veces, cuando escuchamos la última trágica historia de violencia en el mundo, la idea de ser instrumentos de paz parece abrumadora.

Sin embargo, los pequeños actos de bondad hacen que recordemos que frente al temor, la ofensa y el odio, existe el bien. El bien está presente en las manos de los voluntarios que construyen casas después de los desastres naturales, en los sacrificios de los soldados que luchan por la seguridad de otros y en las sencillas maneras en que nosotros decidimos servir a los demás en el trabajo, en el hogar y en la comunidad.

Como Francisco concluyó: «Porque es cuando damos que recibimos, cuando perdonamos que somos perdonados y cuando morimos que nacemos a la vida eterna». Actuar con bondad significa morir a nuestros deseos egoístas a fin de satisfacer las necesidades de otros. Negarse a los propios deseos va en contra por completo de lo que sugieren las noticias vespertinas acerca de la naturaleza humana. En cambio, cuando vivimos la bondad de Dios de maneras comunes y corrientes, incluso los momentos de desesperación pueden convertirse en oportunidades para la esperanza.

ORACIÓN

En un mundo violento, Padre, permite que recuerde la paz que puedo ofrecerles a otros a través de la práctica de la bondad sencilla.

Bondad

Entrega especial

Queridos amigos, sigamos amándonos unos a
otros, porque el amor viene de Dios.

1 Juan 4:7, NTV

Faltaban dos días para la Navidad. Ayudaba a mi esposa
a ultimar detalles para la celebración cuando noté una
camioneta estacionada frente a nuestra casa. Observé al con-
ductor que descendía. Era mi amigo Joe Warner. Cuando
Joe se dirigió hacia la parte posterior del vehículo, supe lo
que sucedería, pues era algo que había venido pasando en las
últimas Navidades. Sacó de la camioneta una caja llena de
las mejores y más dulces naranjas, y se dirigió hacia nuestra
puerta. Su paso vacilante hizo que recordara que le hirieron
en la Segunda Guerra Mundial.

Abrí la puerta antes de que Joe tocara el timbre y lo invité a pasar. «¡Feliz Navidad!», me deseó mientras apoyaba la caja de naranjas en el piso. Después de agradecerle por recordarnos con tal muestra de amabilidad, le pregunté por su familia y él me preguntó por la mía. Nos despedimos y se fue.

Al observar a Joe mientras regresaba a su camioneta, experimenté un profundo sentir de gratitud hacia un amigo que, con sus ochenta y tantos años, seguía prodigando tales actos de bondad. La bondad de Joe no era una cuestión de dar respuesta a la necesidad humana, puesto que sabía que yo podía comprar naranjas si quería. Era puro amor demostrado de una manera pequeña, pero muy significativa.

Creo que Dios se deleita de tales manifestaciones amables de bondad. Y cada Navidad, Joe Warner me da la oportunidad de vislumbrar un destello del amor de Cristo en una caja de naranjas.

ORACIÓN

Padre, gracias por las personas en mi vida que me
muestran bondad de maneras sencillas.

La actitud de Cristo

Al ver a las multitudes, [Jesús] tuvo compasión de
ellas, porque estaban agobiadas y desamparadas,
como ovejas sin pastor.

MATEO 9:36

Un joven empresario llamado Michael me dijo que jamás
había notado lo desagradable que era hasta que le pidió a Dios que se lo mostrara. «Durante una semana, todas
las noches le pedí a Dios que me hiciera ver de qué manera
estaba siendo poco bondadoso. Fue una oración respondida.
No me tomó mucho tiempo darme cuenta de que necesitaba
cambiar mis palabras y mis acciones.

»Hace poco intenté ayudar a un colega que atravesaba una
crisis. En medio de nuestra conversación, me dijo: "Creo que
voy a ir contigo a la iglesia. Me parece que necesito ayuda

espiritual". No recuerdo haber hablado con él de temas espirituales, pero sí sé que intenté tratarlo con bondad. Cuando salimos del culto, conversamos sobre la vida de Jesús y su propósito para nosotros. Al cabo de tres meses, él ya era un cristiano transformado. Respondió al amor de Dios y su vida estaba en proceso de transformación».

Michael había aprendido a ver las personas como seres importantes, creados a la imagen de Dios, dotados cada uno por Dios para cumplir un papel especial en la vida y capaz de tener una relación de amor con Él. Había desarrollado la actitud de Cristo.

Michael se dio cuenta de que este mundo está lleno de personas que son como ovejas sin pastor. Nosotros tenemos el llamado a expresar el amor de Dios y, al hacerlo, comprobamos el poder que tiene la bondad.

MEDIDA DE ACCIÓN

Al final de cada día durante la próxima semana, pídele a Dios que te muestre las maneras en que no fuiste bondadoso ese día. Haz el compromiso de ser bondadoso sin importar cuán frustrantes transcurrieran las cosas durante el día. Luego, si recuerdas haber herido a alguien, discúlpate con esa persona.

El abrazo de Dios

Lo atraje con cuerdas de ternura, lo atraje con
lazos de amor. Le quité de la cerviz el yugo, y con
ternura me acerqué para alimentarlo.

OSEAS 11:4

Los psicólogos infantiles nos dicen que cuando un niño se
siente seguro del amor de sus padres, está más dispuesto
a interactuar con otros y desarrollar sus propias relaciones.
Sabe que siempre puede volver al abrazo cariñoso de su madre o su padre.

Dios ansía que nosotros confiemos en su amor de la manera en que un niño confía en el amor de sus padres. La bondad es parte del amor de Dios, demostrada en su tierno cuidado. Es más, a menudo la bondad de Dios se traduce por «gran
amor» en la Biblia hebrea. No importan las circunstancias, las

dificultades, ni los temores de la vida, la amorosa bondad de Dios es constante. Gracias a la seguridad que tenemos en ese amor, tenemos la libertad para ser bondadosos con los demás. Cuidamos de otros teniendo en cuenta el cuidado de Dios por nosotros.

La maravillosa realidad es que Dios nos da muchas oportunidades para ser bondadosos, y nos produce gran gozo cuando lo somos. El placer que nos da ocuparnos de otros es tan solo una sombra del deleite que siente Él al cuidar de nosotros.

PENSAMIENTO

¿En qué momento la bondad de Dios te ha motivado a ser bondadoso con los demás?

Bondad

Palabras poderosas

Soy yo, el que habla con justicia, el que tiene
poder para salvar.

Isaías 63:1

Los líderes religiosos creyeron que al fin atraparon a Jesús.
Tal vez trajeran con aire de suficiencia a la mujer sorprendida en adulterio. Expusieron su pecado en público, sabiendo
que la ley establecía la pena de muerte para la mujer. No obstante, Jesús dijo: «Aquel de ustedes que esté sin pecado, que
le arroje la primera piedra». En eso, los líderes comenzaron a
marcharse y solo quedaron Jesús y la mujer. Él le preguntó:
«"Y, mujer, ¿dónde están todos? ¿Ya nadie te condena?" Ella
dijo: "Nadie, Señor". Entonces Jesús le dijo: "Tampoco yo te
condeno. Vete, y no peques más"» (Juan 8:7-11, RVC).

Jesús tenía todo el derecho de ejercer su poder y presumir de su perfección ese día. Sin embargo, ten en cuenta la bondad en sus palabras. Hizo que los acusadores tuvieran una perspectiva diferente: Todos somos pecadores. No nos corresponde juzgar a otros. Dios es el Juez. Luego, Jesús le habla con bondad a la mujer. No aprobó su pecado, pero le brindó una oportunidad de elegir una vida mejor. Las palabras de Jesús fueron muy poderosas por el amor detrás de ellas.

Podemos aprender muchísimo del ejemplo de Jesús. Si esperamos hasta que las personas que nos rodean alcancen un nivel mayor antes de que digamos palabras bondadosas, quizá nunca abramos la boca. En cambio, si aprovechamos cada oportunidad posible para mostrar el poder de las palabras bondadosas, Dios podrá obrar por medio de nosotros y transformar vidas.

PENSAMIENTO

*Cuando te veas tentado a creer que la bondad
refleja debilidad, recuerda que Dios mostró su
poder a través de palabras bondadosas.*

Creados para la bondad

Dios creó al hombre a su imagen. Lo creó a
imagen de Dios. Hombre y mujer los creó.

GÉNESIS 1:27, RVC

Un estudio reciente del Centro de Cognición Infantil de
la Universidad de Yale nos recuerda que nos crearon
para mostrar y recibir bondad. En el estudio, los investiga-
dores tomaron a niños de entre seis y diez meses de edad, y
les mostraron un muñeco de madera que intentaba trepar
hasta la cima de una montaña rusa. Mientras el muñeco su-
bía, unos muñecos se acercaron para ayudarlo en su intento,
mientras que otros vinieron para hacerlo descender. Luego, se
les dio a los pequeños la oportunidad de jugar con cualquiera
de los muñecos. ¡Casi todos los niños eligieron a los muñecos
que ayudaron!

A nosotros nos crearon a la imagen de un Dios bonda-doso. Eso significa que nos sentimos atraídos por la bondad, y hasta la buscamos, desde la más tierna infancia. Jamás perdemos nuestra necesidad por la bondad, pero como adultos a veces valoramos más la ambición y el prestigio. Sobre todo en el mundo empresarial, podemos olvidar con facilidad que nuestras mentes y emociones se crearon para responder a la bondad, no a la rudeza.

Cuando actuamos con bondad hacia otros, se sentirán atraídos hacia nosotros y hacia Dios. Por eso la bondad es tan estimulante. Cuando somos bondadosos, procedemos según nos crearon para que actuáramos.

ORACIÓN

Amado Dios, quiero decidir cada día actuar y hablar de la manera en que me creaste para que lo hiciera.

Bondad

Distínguete

Por lo tanto, como escogidos de Dios, santos
y amados, revístanse de afecto entrañable y de
bondad, humildad, amabilidad y paciencia.

<small>Colosenses 3:12</small>

En los últimos siglos del Imperio Romano (a principios de la era cristiana), el que fuera un orgulloso imperio sufrió una serie de reveses. Guerras, oleada de invasiones por tribus germánicas y epidemias devastadoras condujeron a una sociedad decadente y dividida.

Ante la evidencia de terribles condiciones, las elites políticas y sus sacerdotes no cristianos abandonaron las ciudades. La única red social que continuó funcionando fue la iglesia, que brindaba atención básica tanto a cristianos como a los que no lo eran, junto con la esperanza más allá de la muerte.

Incluso los paganos reconocían que los primeros cristianos eran tan bondadosos con sus vecinos como lo serían con su propia familia. Lo que hizo que la iglesia fuera tan poderosa en ese entonces no fue la persuasión ingeniosa, sino el servicio a otros con amor.

El mundo es muy distinto ahora, por supuesto, pero las oportunidades para demostrarles bondad a los demás son similares. Piensa en el tsunami asiático en el año 2004 y el huracán Katrina en 2005. Estados Unidos respondió ante ambas catástrofes. Sin embargo, muchas veces la iglesia ha sido el medio por el que siguió llegando la ayuda. Los seguidores de Cristo han deseado distinguirse en la vida de los demás, solo por el deseo de mostrar amor. La influencia de tales actos de bondad es incalculable. Tal y como nos lo revela la historia, culturas enteras pueden cambiar como resultado de la acción de la comunidad cristiana que pone en práctica el amor de Cristo.

Oración

Gracias, Señor, por usar cosas tan simples como los actos de bondad para acercar a las personas a ti.

Los ojos del amor

Jesús miró al hombre y sintió profundo amor
por él.

Benny tenía once años de edad la primera vez que acompañó a su madre a cocinar en un refugio para los desamparados. Llegó al lugar esperando encontrarse con personas sucias, malhumoradas y hambrientas, pero halló algo diferente por completo. Esa noche vio allí personas «comunes y corrientes» con familias, esperanzas y habilidades.

«Eran muy amables», comentó Benny. «Conversamos con ellos [...] Varios tenían empleo; solo que no contaban con el dinero suficiente para pagar un lugar donde vivir».

Cuando amamos a los demás, sucede algo: comenzamos a verlos como los ve Dios. En un principio, quizá decidamos ser bondadosos por obediencia, pero seguimos siéndolo debido a que nuestro amor por otros crece a medida que vivimos el amor de Jesús. La obediencia nos llena de gozo, no de una sensación de obligación. Vemos las fortalezas, las esperanzas y las necesidades de los demás. Tomamos conciencia de su bondad cuando les manifestamos bondad; del mismo modo que nos damos cuenta de que tenemos en común sus sueños y sus temores. La bondad nos da la oportunidad de reconocer bellas personas que necesitan a Cristo. Igual que nosotros.

ORACIÓN

*Dios mío, cuando miro a otras personas, deseo
verlas a través de tus ojos.*

Fuera de control

La actitud de ustedes debe ser como la de Cristo
Jesús, quien [...] se rebajó voluntariamente,
tomando la naturaleza de siervo.

Filipenses 2:5-7

¿Qué es lo que más probablemente evitaría que muestres
amor hacia alguien? Por lo general intentamos
protegernos de que se aprovechen de nosotros o de salir
heridos. Y en ocasiones nos preguntamos si la otra persona
en verdad *merece* nuestra amabilidad.

En *Cartas a una dama americana*, C.S. Lewis escribió: «A
la hora de la muerte, no me importará decir que varios impostores me "tuvieron por tonto"; pero sí sería un tormento
saber que rechacé a una persona necesitada». Ser bondadoso es

ser vulnerable. Cada acto de bondad es una manera de decir: *Quiero ocuparme de ti sin importarme cómo reacciones. Me expondré a una posición de debilidad con tal de ayudarte.*

La vida de Cristo hace que recordemos que solo cuando asumimos la actitud de siervo, podemos crecer a la imagen de Dios. Cada vez que servimos a alguien, los resultados escapan de nuestro control... ¿quién sabe cómo reaccionará la otra persona? Sin embargo, esos son los momentos en los que comprendemos de manera más profunda el amor de Cristo por nosotros. Son las ocasiones en las que conocemos lo que es la verdadera fortaleza.

ORACIÓN

Amado Padre, ayúdame a ver las ocasiones de servicio como las oportunidades para conocerte más.

Haz lo imposible

Si el Espíritu nos da vida, andemos guiados por
el Espíritu.

GÁLATAS 5:25

«Ocuparme de mi hijastro adolescente desde que vino
a vivir con nosotros es una de las cosas más difíciles
que me ha tocado hacer», me dijo Krista. «El momento
decisivo llegó para mí cuando dejé de preocuparme por la
forma en la que lidiaría con todos los días futuros y comencé
a pedirle al Espíritu de Dios que obrara por medio de mí *ese*
día. Entonces, lo que parecía imposible se hizo realidad. La
lucha sigue, pero me asombraba cómo Dios me ayudaba a ser
bondadosa cuando mi parte egoísta deseaba salir corriendo».

El Espíritu de Dios está disponible para ayudarnos a
hacer lo que podría parecernos imposible: amar a nuestros

compañeros de trabajo, a nuestros familiares y a los desconocidos con el amor de Cristo. Dios nos da el poder para desarrollar el carácter de Cristo. Nos da su Espíritu para poder amar a los demás por medio nuestro. ¿Por qué desperdiciamos tanto esfuerzo tratando de *sentir* amor?

Si el llamado a ser bondadoso te parece difícil ahora, anímate. Dios está en ti para reflejar su amor de maneras que jamás creíste posibles.

MEDIDA DE ACCIÓN

Piensa en una persona que encontrarás esta semana y te parezca imposible de amar. Pídele al Espíritu Santo que manifieste a través de ti la bondad de Dios hacia esa persona.

Constructor de sueños

Al que puede hacer muchísimo más que todo lo
que podamos imaginarnos o pedir, por el poder
que obra eficazmente en nosotros, ¡a él sea la
gloria en la iglesia y en Cristo Jesús por todas las
generaciones, por los siglos de los siglos! Amén.

Efesios 3:20-21

Jenna Glatzer se crió en un vecindario humilde sin los lujos
que disfrutan muchos niños. Aunque su padre no tenía
mucho dinero, según recuerda Glatzer, «era un hombre que
hacía lo imposible por hacerme sentir como una princesa».
Su padre incluso usó herramientas de segunda mano y materiales que le donaron para construirle a Jenna un castillo de
Cenicienta en el patio. Años más tarde, Jenna escribió: «Mis

tesoros no estaban almacenados en las paredes del castillo, sino en mi recuerdo [...] Ese es el legado de amor de un padre que ningún columpio podría sustituir jamás».

Dios nos usa para que nos ocupemos de las necesidades prácticas de los demás y también de las necesidades del alma; incluyendo del alma de una niña con sueños de princesa. Al hacerlo, el Señor nos recuerda que Él está al tanto de nuestros más profundos anhelos, así como de las realidades cotidianas de nuestra vida. Cuando le pedimos a Dios que nos revele el corazón de los que nos rodean, nos damos cuenta de las maneras en que podríamos ayudar a que Él cumpla sus sueños en la vida de otra persona.

ORACIÓN

*Jesús, ayúdame a ser consciente de cómo los demás
necesitan que se les amen.*

Bondad infinita

> Yo te haré mi esposa para siempre, y te daré
> como dote el derecho y la justicia, el amor y la
> compasión.
>
> <small>OSEAS 2:19</small>

¿Cuántos amamos con bondad *infinita*, en especial cuando no somos correspondidos? El desafío de amar a los demás cuando nos rechazan no es nuevo. En los tiempos bíblicos, Dios narró su historia de bondad a un Israel caprichoso por medio del profeta Oseas. Gomer, la esposa de Oseas, fue infiel en reiteradas ocasiones. «Quiero ir tras mis amantes, que me dan mi pan y mi agua, mi lana y mi lino, mi aceite y mis bebidas» (Oseas 2:5). Sin embargo, Oseas recibió a Gomer una y otra vez y le prometió: «Yo te haré mi esposa para siempre, y te daré como dote el derecho y la justicia, el amor y la compasión» (v. 19).

Dios usó a Oseas para recordarle a Israel y a nosotros que su bondad no se acaba cuando le damos la espalda. Él ansía que volvamos.

¿Te ha pedido Dios que le muestres bondad a alguien que rara vez responde con bondad? ¿Amas a alguien que rechaza tu amor? Tal vez, como Oseas, seas un cónyuge traicionado. En medio de tu dolor, confía en que Dios sabe lo que es que rechacen tu bondad. Está a tu lado para amar a los demás cuando es más difícil. El deseo de ser bondadoso con los que no responden con bondad es uno de los milagros de seguir a Cristo. Nos recuerda a un Dios que, aunque dolido o enojado, permite que prevalezca la bondad.

ORACIÓN

*Señor, gracias por amarme tanto que jamás dejas
de buscarme.*

TERCERA PARTE

PACIENCIA

Paciencia

Oraciones de toda la vida

No sean perezosos; más bien, imiten a quienes
por su fe y paciencia heredan las promesas.

Hebreos 6:12

Agustín de Hipona (354–430 d. C.) fue uno de los pensa-
dores y líderes más importantes en la historia de la iglesia primitiva. Aún perdura su influencia en el cristianismo
occidental. Lo que muchos no saben es que la conversión de
Agustín a Cristo se produjo después de treinta y dos años de
oración fiel y ferviente de su madre.

Mónica, la devota madre de Agustín, vio a su hijo recha-
zar la Biblia, mudarse a vivir con su novia con quien tuvo un
hijo, involucrarse en una secta peligrosa, abandonar a su novia
para casarse con una joven heredera, para más tarde romper

el compromiso y frecuentar amantes, todo mientras proseguía con sus estudios. Cada vez que Agustín se mudaba a otra ciudad para asistir a otra escuela, su madre se mudaba también y seguía orando.

En 386, a los treinta y dos años, Agustín tuvo un encuentro con Cristo que cambió su vida. Renunció a su puesto de enseñanza en Milán para regresar con su hijo a Tagaste, su ciudad natal al norte de África, para seguir a Cristo. Mónica alcanzó a vivir lo suficiente para ver la respuesta a sus oraciones.

A través de su amor y su compromiso inalterable, Mónica imitó la paciencia de Dios. Él permite que sus hijos crezcan y se desarrollen mientras avanzan hacia ser más semejantes a Cristo. Aun cuando caemos, Él jamás se da por vencido con nosotros.

Oración

Padre, cuando mis propios errores me desaniman,
ayúdame a recordar que tú sigues pacientemente
trabajando en mi vida.

La paciencia de Dios

Tú, Señor, eres Dios clemente y compasivo, lento
para la ira, y grande en amor y verdad.

Salmo 86:15

A veces pensamos en el Dios del Antiguo Testamento como el Dios de la ira que a cada momento traía juicio sobre su pueblo. A decir verdad, el Dios que nos revelan tanto el Antiguo Testamento como el Nuevo presenta dos características distintivas: justicia y amor.

La justicia de Dios suele describirse mediante el término hebreo para *santo*. La palabra literalmente significa «apartado». Solo Dios es apartado para hacer justicia. Sin embargo, la segunda característica esencial de la naturaleza divina es el amor, y una de las maneras de manifestarlo es a través de la paciencia.

La palabra hebrea para paciencia es *arek*, como en «lento para la ira». El profeta Jeremías menciona la paciencia de Dios (Jeremías 15:15). Además, por medio de Isaías, Dios le dijo a su pueblo rebelde: «Por amor a mi nombre contengo mi ira; por causa de mi alabanza me refreno, para no aniquilarte» (Isaías 48:9).

Cuando somos pacientes con los demás, incluso en pequeña medida, reflejamos el carácter de un Dios amoroso.

PENSAMIENTO

*Repasa mentalmente la historia de la paciencia
de Dios para contigo.
Dale las gracias por su amor paciente.*

Paciencia

Se avecina el peligro

«Si se enojan, no pequen». No dejen que el sol
se ponga estando aún enojados, ni den cabida al
diablo.

EFESIOS 4:26-27

Un estudio de nueve mil sirvientes civiles británicos, pre-
sentado en los *Archives of Internal Medicine*, reveló que
el enojo prolongado resulta pernicioso para la salud. Los participantes involucrados en relaciones hostiles y críticas fueron
un treinta y cuatro por ciento más propensos a sufrir ataques
cardíacos o dolores en el pecho que los participantes que con-
taron con apoyo emocional y frecuentes oportunidades de
expresar sus sentimientos de manera saludable.

El enojo en sí mismo no está mal. Sin embargo, el enojo
impaciente que no toma en cuenta las necesidades del otro,

puede ser destructivo. Esta es una de las razones por las que es tan importante ser pacientes con nuestras palabras y nuestras acciones, incluso cuando estamos contrariados con alguien. La paciencia nos da la oportunidad de hacer uso de la razón por encima de las emociones que, de otra manera, quizá cause que hagamos o digamos algo poco amoroso.

Efesios 4:26-27 nos recuerda que el control de nuestro enojo es una cuestión espiritual. Cuando no controlamos nuestro enojo, le damos a Satanás la oportunidad de atacarnos, y ese ataque también va dirigido a nuestra mente, nuestro cuerpo y nuestras relaciones.

MEDIDA DE ACCIÓN

Imagina una situación que te provoca enojo algunas veces. Luego, decídete a dar un paso concreto (como contar hasta diez, abandonar la habitación o taparte la boca con la mano) que te ayudará a usar la paciencia para controlar tu enojo.

La belleza permanece

Alégrense en la esperanza, muestren paciencia en
el sufrimiento, perseveren en la oración.

Romanos 12:12

El artista francés Pierre Auguste Renoir fue líder en el movimiento impresionista temprano del siglo XIX. En las últimas dos décadas, Renoir tuvo que adaptar su estilo de pintura a su artritis reumatoide debilitante. En ocasiones ataba un pincel a sus dedos inmóviles y deformados para continuar con su obra. Incluso hizo esculturas, dando las órdenes a otros que ejecutaban como si fueran sus manos. Él terminó algunas de sus obras más famosas en un estado avanzado de la enfermedad.

Uno de los amigos íntimos de Renoir fue el artista Henri Matisse. Cierta vez, viéndolo sufrir tanto con cada pincelada,

Matisse le preguntó: «¿Por qué continúas pintando cuando estás en tal agonía?».

Renoir respondió: «La belleza permanece; el dolor pasa».

Las palabras de Renoir nos hacen recordar la esperanza que Dios ofrece cuando somos pacientes ante el desengaño y el dolor. Una de las dos palabras griegas que se traducen por «paciencia» en el Nuevo Testamento es *jupomone* que significa «permanecer bajo». Esta clase de paciencia nos habla de ser fieles al llamado de Dios aun cuando las cosas parezcan irremediables, y amar a los demás aunque no sean dignos de nuestro amor. Nos habla de confiar en que nuestro dolor pasará, pero la belleza de la obra de Dios en nosotros, y por medio de nosotros, permanecerá por la eternidad.

Oración

*Padre, ayúdame a vivir concentrado
en lo que permanece.*

La paciencia significa salvación

El Señor no tarda en cumplir su promesa, según
entienden algunos la tardanza. Más bien, él tiene
paciencia con ustedes, porque no quiere que
nadie perezca sino que todos se arrepientan.

2 Pedro 3:9

Como todas las características del amor, la paciencia es más que «una buena manera de actuar». Cuando somos pacientes, reflejamos la paciencia de Dios; una paciencia que no nos lleva a sentimientos afectuosos ni tiernos, sino hacia la transformación espiritual. Como dijo el apóstol Pedro: «La paciencia de nuestro Señor significa salvación» (2 Pedro 3:15).

Cuesta creer que Dios use nuestro pequeño acto de paciencia para mostrarle a alguien su amor, o incluso traer a alguien a la fe en Dios, pero lo hace. Después de todo, la paciencia de Dios hacia nosotros es la que *nos* lleva a la salvación. Si Él hubiera decidido hacer justicia inmediata por los errores que hemos cometido, ninguno estaría vivo. Gracias a su amorosa paciencia, Dios nos permitió seguir con vida para que descubramos que Él desea tener una relación con nosotros. La paciencia de Dios hacia nosotros nos estimula a ser pacientes con otros de modo que reciban la misericordia que conocemos.

MEDIDA DE ACCIÓN

Cada vez que comiences a pensar que tus acciones no producen una gran diferencia, recuerda la frase: «La paciencia significa salvación»
(2 Pedro 3:15).

Paciencia

En construcción

El que comenzó tan buena obra en ustedes la irá
perfeccionando hasta el día de Cristo Jesús.

Filipenses 1:6

Cuando Ruth Bell Graham falleció en 2007, dejó tras sí
un legado de amor y servicio. En su funeral en Mon-
treat, Carolina del Norte, miles se reunieron para recordar a
esta escritora, poetisa, madre y esposa que estuvo junto a su
esposo, el evangelista Billy Graham, durante casi sesenta y
cuatro años.

Una de las características más notables de Ruth era su conciencia de la obra continua de Dios en su vida. Tal conciencia
le daba la libertad para ser paciente consigo misma y con los
demás. Ruth vio una vez un cartel en la autopista cuyo texto

quiso tener sobre su tumba: «Fin de la construcción. Gracias por su paciencia».

Cuando somos conscientes de que *nosotros* estamos todavía creciendo, cambiando y llegando a ser cada vez más como Cristo, seremos mucho más pacientes con los demás que están en proceso también. Cuando nos olvidamos que no somos como quisiéramos ser, es más probable que nos volvamos impacientes con los demás. ¡Qué liberador resulta recordar que cada uno de nosotros sigue estando «en construcción» para Dios! Amamos a los demás con paciencia, sabiendo que llegará el día en que ellos serán una obra completa al igual que nosotros.

Oración

*Señor, gracias por darme una buena razón para
ser paciente con otros: el hecho de que, como ellos,
todavía no soy perfecto.*

Deuda saldada

> ¿Piensas entonces que vas a escapar del juicio de
> Dios, tú que juzgas a otros y sin embargo haces
> lo mismo que ellos? ¿No ves que desprecias las
> riquezas de la bondad de Dios, de su tolerancia y
> de su paciencia, al no reconocer que su bondad
> quiere llevarte al arrepentimiento?
>
> ROMANOS 2:3-4

Jesús narró la historia de «un rey que quiso ajustar cuentas con sus siervos». Un hombre le debía diez mil talentos (una gran suma). Cuando se le pidió que vendiera a su esposa, a sus hijos y todas sus posesiones para pagar la deuda, el hombre le rogó al rey: «"Tenga paciencia conmigo [...] y se lo pagaré todo". El señor se compadeció de su siervo, le perdonó la deuda y lo dejó en libertad».

Algún tiempo después, este mismo siervo reclamó el pago de una deuda de cien denarios (una cantidad relativamente pequeña) a otro siervo como él. «Su compañero se postró delante de él. "Ten paciencia conmigo —le rogó—, y te lo pagaré". Pero él se negó. Más bien fue y lo hizo meter en la cárcel hasta que pagara la deuda». El rey fue tras el sirviente que no estuvo dispuesto a ser paciente con su deudor y lo metió en prisión diciendo: «¿No debías tú también haberte compadecido de tu compañero, así como yo me compadecí de ti?» (Mateo 18:23, 26-27, 29-30, 33).

Este es uno de los más poderosos ejemplos que tenemos de por qué necesitamos ser pacientes con otros. Sus obligaciones pueden ser económicas, como en este relato, o relacionales, cuando esperamos que alguien responda a nuestro amor. Dios nos muestra paciencia aunque no podemos retribuirle por todos sus regalos. Nosotros reflejamos su amor al mostrarles a otros la misma paciencia.

MEDIDA DE ACCIÓN

En este día, cada vez que te veas tentado a ser impaciente con alguien, recuerda alguna ocasión reciente cuando Dios u otra persona fueron pacientes contigo.

Quédense quietos

Quédense quietos, reconozcan que yo soy Dios.

<small>SALMO 46:10</small>

Tener un espíritu paciente y tranquilo todo el día es contracultural en nuestro perturbado mundo, pero sus efectos pueden ser transformadores para nosotros y para los demás. La gente nota cuando somos pacientes con desconocidos en la fila, con nuestros hijos en el parque y con nuestros compañeros de trabajo en las reuniones, pues es mucho más común mostrarse impaciente. Una paciente quietud en la actitud, las palabras y la conducta, aun en medio del estrés, siempre se destaca.

El autor Eugene Peterson nos recuerda cómo esta clase de paciencia radical nos brinda espacio para desarrollar la cercanía con otros: «Cuando somos ruidosos y estamos apurados, somos incapaces de tener intimidad; de relaciones profundas, complejas y personales». Mientras que un espíritu ansioso de tu parte hace que otros se sientan más presionados y frustrados, un espíritu tranquilo calmará a los que nos rodean, haciendo que se produzcan las interacciones amorosas. De manera que no solo un espíritu paciente calma el ruido de este mundo para que podamos disfrutar de una paz más profunda, también ayuda a calmar la agitación en la vida de otros a fin de que podamos disfrutarnos más a plenitud.

MEDIDA DE ACCIÓN

*Cuando sientes que te pones ansioso o andas de
prisa, recuerda las palabras: «Quédense quietos»,
y procura tener un espíritu apacible
en vez de uno agitado.*

Décadas de oración

Pon tu esperanza en el Señor; ten valor, cobra
ánimo; ¡pon tu esperanza en el Señor!

SALMO 27:14

En 1951, Don Fields se robó una Biblia de los gedeones de
un cuarto de hotel, la llevó a su base naval y comenzó a
leerla. Tres meses después, clamó a Dios implorando su ayuda. Como escribe Don: «Ese fue el momento cuando creí».

Don oraba con frecuencia por sus padres y sus dos hermanos. Sin embargo, no fue hasta siete años más tarde, cuando
el padre de Don tenía una borrachera, que su mamá hizo un
compromiso con Dios. Pronto, Don comenzó a pasar más
tiempo con su papá, facilitando la conversación. Una noche
varios años después, su papá, atontado por la bebida, llamó a

Don y le dijo que quería ser cristiano. Don sabía que su papá estaba ebrio y dudó de sus palabras. Sin embargo, después que su papá pasó la borrachera, invitó a Don para conversar, y tres semanas más tarde se convirtió al cristianismo. Eso fue veintidós años después de la conversión de Don.

Doce años más tarde, al hermano de Don, Bob, le diagnosticaron cáncer. Ambos hermanos comenzaron a estudiar juntos la Biblia por correo electrónico y Bob aceptó a Cristo unos meses antes de morir. Cuando el otro hermano de Don, Philip, le diagnosticaron un tumor cerebral un año y medio después, se opuso a Dios. Luego, en un viaje que hicieron para visitar parientes, ambos hermanos comenzaron a hablar de temas espirituales. Al año siguiente, Philip se convirtió.

«Durante treinta y ocho años oré por mi familia», dice Don. «Casi todo ese tiempo no creía que hubiera demasiadas oportunidades de que se convirtieran en cristianos, pero oraba por ellos y seguía hablándoles acerca de Dios. Él es fiel y seguro que hace su obra a su tiempo». La paciencia nos invita a recordar que Dios ama a los que nos rodean, incluso más que nosotros.

ORACIÓN

Dios mío, sé que aunque me esfuerzo por ser
paciente, tú amas a ＿＿＿＿＿＿
incluso más que yo.

La espera por el llamado de Dios

> Fijemos la mirada en Jesús, el iniciador y
> perfeccionador de nuestra fe, quien por el gozo
> que le esperaba, soportó la cruz, menospreciando
> la vergüenza que ella significaba, y ahora está
> sentado a la derecha del trono de Dios.
>
> HEBREOS 12:2

¿Te pones ansioso porque la vida «empiece»? Eres de los que piensan: *Cuando termine este proyecto, yo...* O *Cuando nuestros hijos crezcan, vamos a...* O *Cuando me gradúe, podré...*

No hay nada de malo en soñar con el futuro, pero a veces nos ponemos tan impacientes esperando que la vida cambie que nos perdemos lo que Dios está haciendo ahora mismo. Durante los primeros treinta años de vida, Jesús esperó para iniciar su ministerio público. A los doce, Jesús fue capaz de responder preguntas en el templo de una manera que asombró a los maestros de la Ley (lee Lucas 2:47). Aun así, Él esperó otros dieciocho años antes de empezar a enseñar y hacer milagros.

Es más, la mayor parte de su vida adulta, Jesús practicó la carpintería. Quizá se preguntara por qué Dios esperó tanto para iniciar su ministerio formal. Sin embargo, Dios conocía a la perfección la cantidad de días que Jesús necesitaba para completar su tarea en la tierra. Los años de espera fueron también parte del llamado de Jesús.

Al seguir con paciencia el plan de Dios, Jesús estableció el ejemplo para nosotros. La espera paciente en Dios significa esperar de manera *activa* en Dios. Es decir, ser conscientes de lo que Él está haciendo en nuestra vida hoy, cómo nos prepara para el futuro y lo que nos está pidiendo que aprendamos.

Oración

Padre, quiero confiar en ti, pero a veces no estoy seguro de lo que significa esperar en ti. Ayúdame a entender el llamado que tienes para mí.

Paciencia

Caminos más altos

«Porque mis pensamientos no son los de ustedes,
ni sus caminos son los míos —afirma el Señor.

Isaías 55:8

Muchas veces me encuentro con cristianos que están contrariados porque Dios no ha respondido sus oraciones (al menos, no de la manera que esperaban o en el tiempo deseado). Ser pacientes con Dios no significa creer que *Él* está en el proceso aún, sino creer que Él sabe (mejor que nosotros) que *nosotros* estamos todavía en el proceso. Ser pacientes con Dios significa confiar en que Él es soberano y amoroso. Equivale a creer que su amor no le permite responder peticiones que no estén alineadas con sus propósitos supremos.

No somos los primeros en inquietarnos cuando los tiempos de Dios parecen no coincidir con los nuestros. Hace miles de años, Dios le recordó al profeta Isaías: «Mis caminos y mis pensamientos son más altos que los de ustedes; ¡más altos que los cielos sobre la tierra!» (Isaías 55:9).

Cuando sabemos que Dios es amoroso y justo, no necesitamos entender sus caminos para sentir paz en medio de nuestra angustia y ansiedad. Podemos aceptar que Dios obra a su tiempo. Así lo expresa el escritor de himnos británico Frederick William Faber cuando dice: «Debemos esperar en Dios, mucho tiempo, con humildad, en el viento y la humedad, haya truenos y relámpagos, haga frío o esté oscuro. Espera y Él vendrá. Jamás viene a los que no esperan».

ORACIÓN

Querido Señor, ayúdame a confiar en que me amas aunque no entienda tus tiempos.

La aceptación del viaje

Hermanos, tomen como ejemplo de sufrimiento
y de paciencia a los profetas que hablaron en
el nombre del Señor. En verdad, consideramos
dichosos a los que perseveraron. Ustedes han
oído hablar de la perseverancia de Job, y han
visto lo que al final le dio el Señor. Es que el
Señor es muy compasivo y misericordioso.

SANTIAGO 5:10-11

Cuando murió mi padre, mi hermana Sandra y su esposo,
Reid, compraron la casa contigua a la suya para que viviera mi madre. El plan era que, a medida que mi madre se hiciera mayor, Sandra se ocupara de sus necesidades. No obstante,
en la providencia de Dios, mi madre terminó cuidando a mi
hermana. A los cincuenta y tres años de edad, le detectaron

un cáncer. Cada año que pasaba se iba empeorando y a los cincuenta y ocho se fue a la presencia del Señor.

Durante esos cinco años observé que Sandra enfrentó la adversidad con paciencia. En las primeras etapas, conducía el auto cuando iba a recibir tratamiento y mi madre la acompañaba. Al empeorar su condición, aceptó la ayuda de su esposo y de amigos que la llevaban cuando tenía turno para el tratamiento. Mientras pudo, cuidó de su nieto. Cuando el nivel de energía de Sandra ya no se lo permitía, abandonó esa tarea tan placentera como abuela.

Sandra deseaba vivir, pero jamás la escuché quejarse. Aceptó con paciencia el camino que se le presentaba por delante, demostrando así su confianza en que sea que viviera o que muriera, su vida era guiar a las personas a los pies de Cristo.

Solo puedo orar que cuando llegue mi hora, sea capaz de demostrar el mismo nivel de paciencia que vi en la vida de Sandra. Creo que esa paciencia es un don de Dios, dado a los que están dispuestos a aceptarlo.

ORACIÓN

*Padre, quiero que mi vida manifieste una
paciencia serena que atraiga a las
personas hacia ti.*

CUARTA PARTE

PERDÓN

«Todo lo que tengo que ofrecer»

¡La compasión triunfa en el juicio!

Immaculée Ilibagiza tenía apenas veinte años cuando la tensión entre tribus estalló en su país de origen, Ruanda. En esos cien días de horror asesinaron a cerca de un millón de ruandeses. Ilibagiza sobrevivió escondida en un pequeño cuarto de baño, junto con otras ocho mujeres. Cuando terminó la matanza, había perdido a casi toda su familia.

Ilibagiza tuvo después la oportunidad de conocer a Felicien, el líder de la banda que asesinó a su madre y a su hermano. Felicien la miró con ojos avergonzados. Entonces, la joven le dijo lo que había venido a decirle: «Te perdono». Como escribe Ilibagiza: «Mi corazón sintió un alivio inmediato y vi que la tensión abandonaba los hombros de Felicien». Los guardias lo condujeron de nuevo a su celda.

El hombre que apresó a Felicien le preguntó a Ilibagiza cómo pudo reaccionar de esa manera y ella respondió: «El perdón es todo lo que tengo que ofrecer».

Las palabras de Ilibagiza reflejan la elección de perdonar semejante a la de Cristo. Fue una *elección* porque debía permitir que su deseo de amar ganara por sobre su deseo de que se hiciera justicia. Felicien jamás puso en palabras una respuesta al ofrecimiento de perdón de Ilibagiza, pero el espíritu de la muchacha quedó libre de odio y resentimiento. Dejó su preocupación para que se hiciera justicia en las manos de Dios y del gobierno. La joven se negó a buscar venganza.

Hoy, Immaculée Ilibagiza viaja por el mundo con su mensaje de perdón. Se ha ocupado de atender a los niños ruandeses que quedaron huérfanos por el genocidio y trabajó con las Naciones Unidas para procurar la sanidad de su país. Solo el amor de Cristo puede tomar la energía que podría emplearse en el odio y transformarla en energía que se emplea en el amor.

ORACIÓN

*Señor, quiero disfrutar de la libertad de perdonar
a los demás.*

Perdón

Cambio de corazón

> Sobre todo, ámense los unos a los otros
> profundamente, porque el amor cubre multitud
> de pecados.
>
> 1 Pedro 4:8

«La primera vez que copié en un examen, fue sencillo», recuerda Marilyn. «Lo es el engaño en sí. Pero cuando salí del aula, me sentí muy mal. Pensaba: *Decepcioné a mi maestra favorita.* Entonces, mi calificación fue la más alta y me sentí muy bien al ser la mejor de la clase. De manera que volví a hacerlo una y otra vez.

»En algún momento cerca del final de ese semestre, la culpa era demasiada. Me acerqué hasta el escritorio de la Sra. Marlow, y antes de que pudiera pronunciar una sola palabra, rompí a llorar. Ella me abrazó. Le decía: "Usted no entiende", pues de seguro que no me consolaría si supiera lo que había hecho. Le conté todo. Lo peor fue ver la expresión de tristeza en su mirada mientras me escuchaba.

»Cuando terminé de hablar, mirándome a los ojos, dijo: "Marilyn, te perdono. Me alegro de que me lo hayas contado".

»Recibí una C en física en ese semestre, después de trabajar mucho con la Sra. Marlow al final de las clases y de rehacer los exámenes. A pesar de todo lo que estudié, no recuerdo mucho de física. No obstante, sí recuerdo lo que el perdón de la Sra. Marlow significó para mí. Cuando años más tarde me convertí a Cristo, recordé ese momento como un paso importante en el camino de conocer el perdón de Cristo. La Sra. Marlow jamás supo lo determinante que fue su amor en mi vida. Sin embargo, me ayudó a ver cuán poderosas pueden ser las palabras de perdón».

PENSAMIENTO

¿Cuándo el ofrecimiento de perdón de alguien fue determinante en tu vida?

Puro amor

Dichoso aquel a quien se le perdonan sus
transgresiones, a quien se le borran sus pecados.
Dichoso aquel a quien el SEÑOR no toma en
cuenta su maldad y en cuyo espíritu no hay
engaño.

SALMO 32:1-2

Cuando David, el segundo rey de Israel, cometió adulterio con Betsabé y después planeó la muerte del esposo, Dios lo amaba demasiado como para permitir que viviera con su pecado. Así describió David la convicción de Dios: «Mientras guardé silencio, mis huesos se fueron consumiendo por mi gemir de todo el día. Mi fuerza se fue debilitando como al calor del verano, porque día y noche tu mano pesaba sobre mí» (Salmo 32:3-4). Dios sabía que solo cuando David confesara su pecado podría vivir su llamado.

Cuando seguimos el ejemplo de Dios, solo el amor nos impulsa a enfrentar a alguien que hizo algo malo, recibir sus disculpas y concederle el perdón. Perdonamos porque deseamos que quien nos causó la ofensa sea libre. Celebramos con él cuando confiesa porque sabemos que Dios celebra con nosotros cuando confesamos.

Por eso, el primer paso para convertirnos en una persona que ama es reconocer nuestra propia conducta pecaminosa. Eso nos ayuda a evitar que la oportunidad de ofrecer nuestro perdón se convierta en un momento en que nos sintamos superiores. No podemos dar lo que no hemos recibido. Cuando hemos experimentado el amor que hace que Dios perdone nuestros pecados, somos capaces de hacer extensivo ese amor a los demás.

ORACIÓN

Padre, a veces olvido de que me convences de pecado porque me amas. Gracias por querer que yo sea más como tú.

¿Me lo merezco?

A quien ustedes perdonen, yo también lo perdono. De hecho, si había algo que perdonar, lo he perdonado por consideración a ustedes en presencia de Cristo.

2 Corintios 2:10

En el clásico de Fiódor Dostoievski, *Los hermanos Karamazov*, el sacerdote Zosima relata la historia de la vida que llevó antes de entregarse a Dios. El momento decisivo se produjo en los días posteriores a enterarse de que la mujer que amaba se casó con otro hombre. En determinado momento, Zosima estaba de «un humor tan brutal y salvaje» por haberla perdido que golpea a su ordenanza, Afanasy, hasta que la cara del hombre queda cubierta de sangre.

A la mañana siguiente, Zosima sintió en su corazón algo «vil y vergonzoso». Más adelante lo describe así: «A esto es a lo que se ha llevado a un hombre, y eso fue un hombre golpeando a su prójimo. ¡Qué crimen!».

Zosima corrió hasta el cuarto de Afanasy a pedirle perdón. Al ver que Afanasy se veía atemorizado, Zosima, con su uniforme de oficial, inclinó la cabeza al suelo delante de su sirviente y repitió: «Perdóname».

Afanasy no salía de su asombro. «Su excelencia... señor, ¿qué está haciendo? ¿Me lo merezco?».

Aunque era el amo de Afanasy, al suplicarle perdón, Zosima estaba diciendo: *Somos iguales. Te valoro. Eres merecedor de que te pida perdón.* Pedir perdón afirma el valor de la otra persona. Cuando alguien se acerca a nosotros arrepentido por algo, está diciendo: *Eres valioso para mí. Valoro nuestra relación.* Nuestra mejor respuesta es recibir tal afirmación y perdonar.

Oración

Padre, cuando la gente me pide perdón, ayúdame a reconocer lo que intentan decir y a ofrecerles un perdón auténtico.

Perdón

¡Amén!

Sean bondadosos y compasivos unos con otros,
y perdónense mutuamente, así como Dios los
perdonó a ustedes en Cristo.

EFESIOS 4:32

¿De qué manera cooperamos con Dios y nos volvemos perdonadores? Primero debemos decir amén a los propósitos de Dios.

Amén es un término hebreo que significa «Estoy de acuerdo» o «Así sea». Cuando leemos o escuchamos acerca de nuestro llamado a perdonar a los demás, nuestra respuesta debiera ser: «Amén: Estoy de acuerdo, así sea». Entonces nos mantenemos dispuestos a permitirle a Dios que nos enseñe a mostrar misericordia y gracia.

El cristianismo tiene que ver con una relación de amor con Dios. En esa relación, Él permite que cooperemos en lo que está haciendo en el mundo. Dios quiere usarnos para expresar su amor a los demás para que también puedan tener la oportunidad de recibir y retribuir su amor.

Pablo nos recuerda en Efesios que la bondad, la compasión y el perdón se entrecruzan. Cuando decidimos perdonar a otros en vez de enfocarnos en sus faltas, no se trata de que hagamos el intento por «sentir» el perdón, sino que Dios nos usa para expresar su perdón. ¡Nuestra parte es estar de acuerdo con Él!

ORACIÓN

Amado Señor, deseo que mi vida se caracterice por la gracia. ¡Que así sea!

Disculpa aceptada

No juzguen, y no se les juzgará. No condenen, y
no se les condenará. Perdonen, y se les perdonará.

LUCAS 6:37

Cuando conocí a Karolyn, supe que había encontrado a
la mujer que satisfaría mi necesidad de intimidad. Por
supuesto, también tenía la intención de hacerla feliz. No obstante, a los seis meses de casados, ambos nos sentíamos muy
mal. Yo le decía palabras duras y ofensivas a la persona que
amaba. Y ella me insultaba a mí.

Permití que el resentimiento hacia Karolyn creciera en mi
interior. Sabía que debía disculparme, pero ella también tenía
que hacerlo, según era mi razonamiento. De manera que es-
peré, pero no hubo ninguna petición de disculpa y nos fuimos
separando.

Cuando al final acudí a Dios en busca de ayuda, su mensaje fue claro: «Debes asumir tu responsabilidad y pedirle perdón a tu esposa». Sabía que el primer paso era reconocer mi error ante Dios. Le dije que había sido un pésimo esposo y le pedí que me perdonara.

Esa noche, le pedí perdón a Karolyn y mencioné todos mis errores que pude recordar. «Si me perdonas», le dije, «quiero hacer que el futuro sea diferente». Ella me abrazó y reconoció sus errores. Nos perdonamos el uno al otro.

Los buenos matrimonios no exigen la perfección, pero sí requieren confesión y perdón. El perdón libera los errores del pasado y abre la puerta a la posibilidad de un futuro mejor.

ORACIÓN

Dios mío, dame la fuerza para poder pedir perdón entre mis relaciones más cercanas, ya sea que la otra persona me pida perdón o no.

Gozo resplandeciente

> Si ella ha amado mucho, es que sus muchos
> pecados le han sido perdonados. Pero a quien
> poco se le perdona, poco ama.
>
> Lucas 7:47

El 3 de febrero de 1998, a Karla Faye Tucker la ejecutaron por asesinar a dos personas en un intento de robo. Su historia estuvo en las noticias nacionales, no solo porque fuera la primera mujer ejecutada en Texas desde la guerra civil, sino también porque se convirtió al cristianismo estando en prisión.

Tucker hablaba con absoluta libertad sobre la fuente de su gozo: el perdón de Dios. Cuando la sentenciaron, se «robó» una Biblia de un grupo de ministerio carcelario, sin saber que era gratuita. Comenzó a leerla, después a llorar y, al final, le pidió a Dios que la perdonara.

«Allí fue cuando todo el peso de lo que hice cayó sobre mí», describió más tarde. «Por primera vez me di cuenta de que asesiné de manera brutal a dos personas y que había quienes sufrían por lo que hice. Sin embargo, Dios me decía: "Te amo"».

Tucker irradiaba una paz dada por Cristo y llevó a muchas de sus compañeras de prisión a un entendimiento mayor de su necesidad de perdón. Su historia es un bello recordatorio para los que temen que el perdón sea una respuesta pasiva ante el mal cometido. El verdadero perdón no es algo que cubre el pecado, sino que nos muestra lo pecadores que somos y lo bueno que es Dios. El verdadero perdón no deja a nadie sin cambiar.

Oración

Padre, reconozco tu amor por mí y hoy te pido perdón por _____.

Perdón

Bien lo sé

En esto sabremos que somos de la verdad, y nos
sentiremos seguros delante de él: que aunque
nuestro corazón nos condene, Dios es más grande
que nuestro corazón y lo sabe todo.

1 JUAN 3:19-20

Cuando Mao Tsé-tung asumió el poder en China en
1949, la iglesia china sufrió gran persecución. Los amigos de otras partes del mundo rara vez tenían noticias de los
chinos cristianos. Luego, en 1972, llegó un mensaje a los Estados Unidos con la siguiente explicación: «Los "bien lo sé"
están bien». Las autoridades permitieron que esa carta pasara
los controles sin saber que se refería a uno de los más amados
himnos de la fe: «Cristo me ama».

El himno de Anna Warner, escrito en 1859, ha consolado a millones durante años con su sencilla declaración: «Cristo me ama, bien lo sé». Quizá esta sea una de las cosas más importantes que debemos recordar cuando nos cuesta aceptar el perdón de Dios. A veces, cuando hemos reconocido nuestro pecado, Satanás sigue acusándonos y nos provoca: *Lo volverás a hacer. ¿No crees que Dios se canse de perdonarte?* Ahí es cuando respondemos con lo que sabemos que es la verdad: *Cristo me ama. Cristo murió por ese pecado. Bien lo sé.* Cuanto más regresemos a esta verdad fundamental, más nos libera el perdón de Dios a fin de poder alcanzar a otros con el perdón.

Cada vez que recibimos el perdón de Dios o extendemos el perdón a otros, estamos declarando de nuevo que no importa lo que diga Satanás, somos el pueblo de «bien lo sé».

ORACIÓN

Cristo, tú me amas. Bien lo sé.

El mejor juez

No tomen venganza, hermanos míos, sino dejen
el castigo en las manos de Dios, porque está
escrito: «Mía es la venganza; yo pagaré», dice el
Señor.

ROMANOS 12:19

Los padres desertores del siglo IV decían: «Juzgar a otros
es una pesada carga». Cuando alguien se niega a disculparse con nosotros, el desafío bíblico es *entregarle* esa persona
a Dios, junto con nuestro dolor y enojo. Si el que causó la
ofensa confiesa y se arrepiente, Dios lo perdonará y también
podemos hacerlo nosotros. Si no se arrepiente, Dios lo juzgará. Cuando entregas a alguien a Dios, estás poniendo a esa
persona en buenas manos. Cuando entregas tu dolor y tu

enojo a Dios, estás renunciando ante Él a tu derecho de hacer justicia... y te liberas de una gran carga.

Jesús dio el ejemplo. El apóstol Pedro dijo de Cristo: «Cuando proferían insultos contra él, no replicaba con insultos; cuando padecía, no amenazaba, sino que se entregaba a aquel que juzga con justicia» (1 Pedro 2:23). Jesús se negó a vengarse de los que le hicieron daño. En su lugar, Él entregaba la situación a su Padre sabiendo que Dios la juzgaría con justicia.

Cuando alguien nos hace mal, resulta tentador pensar que si no exigimos justicia, nadie lo hará. Sin embargo, Dios está en una posición mucho mejor para ser el Juez. Podemos llevar al ofensor y al ofendido a los pies de Dios, sabiendo que Él hará lo mejor a nuestro favor.

ORACIÓN

Señor, perdóname por desear juzgar a alguien en vez de permitir que tú seas el Juez.

Perdón

Suelta el pasado

> Dios nos dio vida en unión con Cristo, al
> perdonarnos todos los pecados y anular la deuda
> que teníamos pendiente por los requisitos de
> la ley. Él anuló esa deuda que nos era adversa,
> clavándola en la cruz.
>
> COLOSENSES 2:13-14

El 28 de diciembre de 2007, decenas de neoyorquinos decidieron dejar el pasado atrás. Una empresa y el departamento de servicios sanitarios de la ciudad hicieron una invitación para llevar las heridas y los rencores a *Times Square* donde contenedores de reciclamiento y una trituradora de papel industrial de un metro y medio de altura estaban listas para disponer de los malos recuerdos. Los organizadores también proveyeron de papel y lápiz a los transeúntes para que pusieran por escrito el dolor que los aquejaba y que después lo echaran en la trituradora y el contenedor para así dejar marchar el dolor.

La gente se deshizo de todo, desde la adicción a las drogas hasta un boletín con malas notas, pasando por viejas cartas, malos negocios y jefes groseros. Muchas personas dijeron que abandonaban el enojo que habían mantenido contra alguien que los traicionó. Una hora después de colocada la trituradora, un camión de saneamiento se llevó la basura dejando así a muchos neoyorquinos con una sonrisa de alivio.

Librarse de las heridas relacionales a través de un acto simbólico puede ser una buena manera de hallar sanidad. No obstante, el acto más significativo para la «eliminación del dolor» es pedirle la ayuda a Dios para perdonar a alguien. Cuando nos sentimos heridos, por instinto nos aferramos a nuestro dolor, así como las personas que formaron fila en la trituradora ese día sujetando los símbolos de desilusión y enojo. Solo Dios puede ayudarnos a soltar esos recuerdos y a seguir adelante.

PENSAMIENTO

Si quisieras hacer trizas un recuerdo o una herida
del año pasado, ¿cuál sería?

Relación auténtica

Si estás presentando tu ofrenda en el altar y allí
recuerdas que tu hermano tiene algo contra ti,
deja tu ofrenda allí delante del altar. Ve primero
y reconcíliate con tu hermano; luego vuelve y
presenta tu ofrenda.

Mateo 5:23-24

E ra un domingo de Santa Cena y el pastor predicaba sobre
1 Corintios 11, el pasaje donde el apóstol Pablo reprende
a algunos corintios acaudalados por celebrar la cena del Señor
indignamente al dejar fuera a sus hermanos y hermanas en la
fe de menores recursos.

El pastor quería asegurarse de que su congregación hiciera
un inventario moral antes de participar del pan y de la copa. De
manera que para concluir su exhortación, citó Mateo 5:23-24

y agregó: «Algunos han roto una relación por algo que dijeron o hicieron. Aunque esto signifique que te pierdas de participar en la comunión, Dios preferirá que te levantaras de tu asiento en este momento y vayas al vestíbulo a hablar con esa persona y le pidas perdón».

Se hizo un prolongado silencio y muchas personas se dirigieron al vestíbulo con el teléfono celular en la mano. Sus rostros radiantes cuando regresaban revelaban a las claras que recibieron un baño espiritual y ahora estaban listos para tener comunión con Dios.

A fin de ser auténticos en nuestras relaciones, debemos ocuparnos de nuestros fracasos confesándolos, arrepintiéndonos y buscando el perdón de otros. Al hacerlo, nos preparamos para disfrutar de relaciones profundas y afectuosas.

Oración

Padre, muéstrame maneras en que mis relaciones podrían ser más auténticas a través de mi propia confesión.

Renovación del corazón

Le devolveré sus viñedos, y convertiré el valle de
la Desgracia en el paso de la Esperanza.

Oseas 2:15

El hotel *Liberty* de Boston presume de sus habitaciones lu-
josas, de sus restaurantes de primer nivel y de su clientela
de celebridades. Sin embargo, los huéspedes pueden disfrutar
más que del *glamour*; disfrutan también de una visión de la
historia.

Construido en 1851, el edificio fue una vez la cárcel de la
calle Charles. Durante ciento veinte años, el edificio albergó
«huéspedes» como los prisioneros del submarino alemán de
la Segunda Guerra Mundial, los ladrones involucrados en el
gran robo de Brinks en 1950 y a Frank Abagnale, *junior*, el

artista convicto que Leonardo Di Caprio interpretó en la película *Atrápame si puedes*.

Años después de declarado inadecuado para los prisioneros, se invirtieron ciento cincuenta millones de dólares en su restauración. Hoy, la entrada original de la cárcel es la puerta de acceso a un fino restaurante italiano donde los comensales cenan junto a los barrotes originales de la prisión y a los muros de ladrillos. Los pasillos que recorrían los guardias son ahora unos elegantes balcones de hierro. Un ex prisionero visitó el hotel y comentó: «No sé cómo pudieron tomar algo tan horrible y convertirlo en algo tan bello».

Esto es apenas un vago reflejo de la transformación que Dios nos ofrece haciendo que las oportunidades de castigo en nuestra vida se conviertan en puertas abiertas a la restauración. Hacemos esto mismo cada vez que perdonamos a alguien que no lo merece. La justicia de Dios no le permite pasar por alto lo malo. Sin embargo, en su amor, Dios diseñó un plan para que el lugar de la justicia se convierta en uno de gracia.

PENSAMIENTO

Piensa en alguien a quien le guardes rencor. ¿Qué aspecto tendría si permitieras que tu resentimiento se transformara en un sitio de gracia?

QUINTA PARTE

CORTESÍA

Nuestro Dios cortés

Ámense unos a otros de la misma manera en que
yo los he amado.

JUAN 15:12, NTV

*C*ortés no es un término que usemos con frecuencia para
describir a Dios. Quizá se deba a que nuestro concepto
de cortesía se limita a la idea de ser amable. La palabra griega
que se traduce por «cortesía» en el Nuevo Testamento, no
obstante, proviene de dos palabras, una que significa «amigo»
y la otra que significa «la mente». Ser cortés es considerar
que todos son amigos, una actitud que Dios modela para
nosotros.

Cuando los israelitas iban en busca de la Tierra Prometi-
da, Moisés se dirigió a la Tienda de reunión donde «hablaba

el Señor con Moisés cara a cara, como quien habla con un amigo» (Éxodo 33:11). Esto nos dice que el Creador del universo quiere ser nuestro amigo. Cuando Jesús vino, Él reveló la cortesía de Dios en todas sus relaciones.

Jesús le dijo a los primeros creyentes: «Ya no los llamo siervos [...] los he llamado amigos, porque todo lo que a mi Padre le oí decir se lo he dado a conocer a ustedes» (Juan 15:15).

Tal vez te sientas distante de Dios o inseguro de lo que Él piensa de ti, pero te llama amigo. Dios ansía que prospere tu relación con Él. Está listo para ser tu compañero y tu guía, como le encanta ser un verdadero amigo.

PENSAMIENTO

*Piensa por un momento en el gozo de la amistad
íntima y verdadera. ¿De qué manera pensar en
Dios como un amigo cambiaría
tu actitud hacia Él?*

Uno de estos más humildes

> Les aseguro que todo lo que hicieron por uno
> de estos [...] más humildes, por mí mismo lo
> hicieron.
>
> MATEO 25:40, DHH

Una de las mejores maneras de desarrollar una actitud cortés es recordar que cada persona con la que nos encontramos es valiosa. Para el cristiano, esto significa que consideremos a todos como representantes de Jesús.

La madre Teresa, fundadora de las Misioneras de la Caridad en Calcuta, India, conocía muy bien esta verdad. Es más, esta realidad fue lo que la motivó a invertir su vida en amar a las personas. Una vez dijo: «Nos ocupamos de Jesús, lo visitamos, lo vestimos, lo alimentamos y lo consolamos [...] No deberíamos servir a los pobres como si *fueran* Jesús, deberíamos servirlos porque *son* Jesús».

Esta actitud es la que conduce a los cristianos a colaborar con los desamparados, ayudar a las víctimas de huracanes en la reconstrucción de sus casas y cuidar de los enfermos. Sin embargo, no debemos limitarnos solo a los eventos o las situaciones extraordinarias. Cuando creemos que todos los que encontramos, ya sea en público o en nuestro propio hogar, representan a Jesús, deseamos amarlos a través de sencillas cortesías.

ORACIÓN

Jesús, ayúdame a recordar que cuando amo a los demás te amo a ti.

Un bocadillo para los captores

Amen a sus enemigos y oren por quienes los persiguen.

MATEO 5:44

Policarpo de Esmirna (69–156 d. C.) fue un líder de la iglesia primitiva. Cuando la persecución llegó a Esmirna, supo que su vida estaba en peligro y se refugió en un campo. Cuando las autoridades romanas fueron a arrestarlo, Policarpo no reaccionó con enojo, ni con temor, ni hostilidad. En cambio, «bajó las escaleras y conversó con ellos [...] De inmediato, les ofreció toda la comida y la bebida que desearan y les pidió una hora para poder orar sin interrupción [...] Se puso de pie y oró, estando tan lleno de la gracia de Dios que durante dos horas no lo abandonó la paz, para asombro de los que lo escuchaban».

Cuando los captores de Policarpo lo llevaron de regreso a la ciudad, intentaron persuadirlo para que negara a Cristo. Policarpo respondió: «Lo he servido durante ochenta y seis años y Él jamás me defraudó. ¿Cómo podría blasfemar a mi Rey que me salvó?». A Policarpo lo ejecutaron por su fe, agradecido a Dios de que le consideraran merecedor del sufrimiento.

Policarpo amaba al Señor y amaba a los captores que lo arrestaron, ocupándose incluso de su necesidad física y actuando con cortesía hasta en las circunstancias más difíciles. Cuando los cristianos están en comunión con Cristo, pueden expresar su amor a pesar de todo. El desafío es vivir por Cristo para que, aunque enfrentemos la muerte, su amor fluya a través de nosotros.

Oración

Querido Padre, ayúdame a amarte tanto que esté dispuesto a sacrificar cualquier cosa con tal de amar a los demás de la manera que tú quieres que los ame.

Toma en serio al otro

¿No se venden cinco gorriones por dos
moneditas? Sin embargo, Dios no se olvida de
ninguno de ellos. Así mismo sucede con ustedes:
aun los cabellos de su cabeza están contados. No
tengan miedo; ustedes valen más que muchos
gorriones.

Lucas 12:6-7

C.S. Lewis escribió: «No existen las personas *ordinarias*.
Jamás has hablado con un simple mortal [...] Esto no
significa que debamos ser siempre solemnes. Hay que jugar.
Sin embargo, nuestra diversión debe ser del tipo [...] que existe entre personas que se han tomado muy en serio desde un
principio». Para el cristiano, tomarse el uno al otro en serio

significa comprender que cada persona con la que nos encontremos (el vendedor estrafalario, el huraño hijo adolescente o el empleado que roba) la crearon a la imagen de Dios. El bien existe en todos porque cada uno refleja a un buen Dios.

Puesto que Dios entregó a su Hijo para que todos los que crean en Él tengan vida eterna, nos vemos obligados a imitarlo en amar a los demás y celebrar así su valor como creación de Dios. A la luz del amor y del sacrificio de Dios por cada persona con la que nos encontramos, ¿cómo podríamos dejar de tratarnos unos a otros con cortesía?

ORACIÓN

*Señor, perdóname por las veces en que he pasado
por alto a las personas. Ayúdame hoy a tratar a la
gente de una manera que evidencie y reconozca
su valía.*

Cortesía

Tiempo para dar

> María tomó entonces como medio litro de nardo
> puro, que era un perfume muy caro, y lo derramó
> sobre los pies de Jesús, secándoselos luego con
> sus cabellos. Y la casa se llenó de la fragancia del
> perfume.

JUAN 12:3

Margaret Jensen se crió como hija de pastor durante la Depresión. Recuerda el día en que su familia esperaba que su padre cobrara el sueldo para comprar comida. Cuando su padre llegó a casa, no le entregó el dinero a su mamá, sino un collar de perlas. Le hizo una reverencia y le dijo: «Mamá [...] Tienes un cuello tan hermoso que deberías lucir unas perlas».

La madre de Margaret aceptó con gusto el obsequio y dijo que lo usaría siempre. Margaret escribió: «Más tarde, me dijo: "Hay un tiempo y un lugar para todo. A veces, necesitamos más las perlas que las papas. Ese era el momento para las perlas"».

Aceptar con gracia un acto de amabilidad es una manera de tratar al otro con cortesía. Cuando María ungió los pies de Jesús con un perfume costoso, Judas objetó. En cambio, Jesús dijo: «Déjala en paz [...] Ella ha estado guardando este perfume para el día de mi sepultura» (Juan 12:5, 7). María era la hermana de Lázaro, a quien resucitó Jesús. Su acto fue una expresión de profundo aprecio por lo que hizo Jesús. Él lo aceptó con cortesía y no cuestionó sus motivos.

Para algunos de nosotros es más fácil dar que recibir. Sin embargo, cuando mostramos cortesía al recibir lo que nos dan otros, les brindamos la oportunidad de conocer el gozo de amar.

ORACIÓN

Padre, dame la cortesía para saber aceptar los regalos de los demás.

Recibamos a los «ángeles»

No se olviden de practicar la hospitalidad, pues
gracias a ella algunos, sin saberlo, hospedaron
ángeles.

HEBREOS 13:2

Casi puedo imaginar al anciano Abraham sentado con
las piernas cruzadas a la sombra de su tienda. Miraba
a través de la puerta el paisaje del Oriente Medio, cálido y
brillante. ¿Sería un espejismo? No, eran personas reales. Tres
visitantes estaban de pie cerca de su casa.

Las costumbres exigían que Abraham les diera la bienvenida a los extranjeros, pero bien podría haber reaccionado con
miedo o manifestar hostilidad en vez de ofrecer hospitalidad.
Después de todo, era la primera vez que lo visitaban estas
personas. Sin embargo, Abraham fue un ejemplo de cortesía,

pues hizo una reverencia, ordenó que cocieran pan y se ocupó de que se preparara un becerro para alimentar a los huéspedes (lee Génesis 18:1-8).

¿Seguimos el ejemplo de Abraham en el arte de la hospitalidad? ¿Invitamos (no solo a los amigos, sino también a los conocidos) a comer y conversar? ¿Tratamos de suplir las necesidades sencillas de las personas con las que nos encontramos?

Abraham no lo sabía al principio, pero sus visitantes eran seres celestiales: dos ángeles y el Señor mismo. Nuestros invitados podrán o no ser ángeles, pero Dios nos pide que le mostremos su amor a cada uno.

ORACIÓN

Señor, haz que recuerde que debo mostrar la cortesía de la hospitalidad a cada persona que envíes a mi camino.

Cortesía

Aquí todos son bienvenidos

Trátenlo como si fuera uno de ustedes. Ámenlo
como a ustedes mismos, porque también ustedes
fueron extranjeros en Egipto. Yo soy el Señor y
Dios de Israel.

Levítico 19:34

Cuenta la historia que cuando el líder indio Mahatma
Gandhi estudiaba en Inglaterra, leyó el Nuevo Testamento y se enamoró de la vida de Cristo. Decidió visitar una
iglesia y preguntarle al pastor cómo llegar a ser cristiano. Sin
embargo, esa conversación jamás se produjo. Gandhi fue recibido en la puerta por un ujier que le dijo que no era bien-
venido. Gandhi percibió que la iglesia tenía su propio sistema
de castas, así que volvió al hinduismo.

La cortesía podría haber hecho una gran diferencia para un joven que llegaría a influir en millones. Todos sabemos lo que significa ir a un lugar nuevo y sentirse un extraño. ¿Nos aceptarán? ¿Cómo se supone que debemos actuar? No obstante, cuando nos familiarizamos con el entorno, nos olvidamos lo que es sentirse fuera de lugar.

Cuando una visita llega a la iglesia, su manera de hablar o de vestirse puede diferir de lo acostumbrado. Aun así, esto no es motivo para tratar a una persona de manera descortés. Cada individuo es en potencia un hermano o una hermana en Cristo. Si vemos a la persona de ese modo, esto abrirá las puertas hacia una cortés bienvenida.

ORACIÓN

Padre, la próxima vez que alguien nuevo llegue a mi iglesia, a mi hogar o a mi centro de trabajo, quiero ofrecerle la misma bienvenida que le darías tú.

Descortesía redentora

El que ama la pureza de corazón y tiene gracia al
hablar tendrá por amigo al rey.

PROVERBIOS 22:11

No conocía bien a la cajera del banco, aunque la había
visto varias veces. En esta ocasión en particular, estaba
en el banco para aclarar lo que creí que me cobraron de más.
Expliqué la situación y la cajera me dio su perspectiva del
asunto, lo que me pareció equivocado. De manera que volví
a explicar mi punto de vista en un tono de voz más alto. Ella
me respondió, pero yo no quise escucharla. Claramente dis-
gustado, me marché del banco.

Estaba enojado por la manera en que me maltrataron.
Luego, escuché la voz de Dios diciéndome: *No creo que ella*

podría reconocer que tú eres un seguidor de Jesús. Le confesé mi pecado a Dios y recibí su perdón, pero sabía que debía volver al banco.

«Regresé a pedirle disculpas», le dije a la cajera. «Me siento mal por haber descargado mi frustración con usted. No se merece eso y no estuvo bien que le alzara la voz. Ya le pedí perdón a Dios y ahora quiero pedirle que me perdone».

La joven me perdonó de inmediato. Le di las gracias y le dije: «Espero que el resto de su día sea más placentero». La siguiente vez que fui, le sonreí y ella me devolvió la sonrisa. Mantuvimos una agradable conversación.

Ser cortés implica estar dispuesto a pedir perdón cuando nos damos cuenta de que fuimos irrespetuosos. Pedir perdón y recibirlo no solo nos permite avanzar, sino también crea un nivel de amistad más profundo.

MEDIDA DE ACCIÓN

Piensa en la última oportunidad en que fuiste descortés con alguien. ¿Qué puedes hacer para restaurar esa relación?

El saludo de Thomas Jefferson

Para Dios no hay favoritismos.

HECHOS 10:34

El 4 de julio de 1801, el presidente Thomas Jefferson hizo algo impensado en la recepción en la Casa Blanca: les estrechó las manos a sus visitantes. Sus predecesores en la Casa Blanca, George Washington y John Adams, siempre se inclinaron ante los honorables invitados en las recepciones oficiales. Reservaban un simple apretón de manos para los visitantes menos distinguidos. Al romper con la tradición para saludar a los invitados, Jefferson introdujo la idea de tratar a las personas por igual, sea cual fuere su posición social o política. Hoy en día, los políticos estrechan manos, besan bebés y saludan al público como si fueran amigos, siguiendo así el modelo establecido por Jefferson.

Una pregunta legítima es si los políticos tratan a otros como amigos porque en realidad los ven de esa manera o porque quieren conseguir votos. Aun así, en el ejemplo de Jefferson vemos el valor de dar por sentado que todos los que nos rodean, ya sea por encima o por debajo en la escala social o profesional, merecen nuestra amistad. Cuando aceptamos a las personas en nuestra vida con una cálida sonrisa, cuando les estrechamos la mano o las recibimos con palabras amables, les mostramos el amor de Dios.

PENSAMIENTO

¿En qué situaciones sueles sentirte superior a los demás? ¿Cuándo has fallado en tratar a otros con cortesía debido a esto?

Cortesía

Cuando se va contra la corriente

> No imiten la conducta ni las costumbres de
> este mundo; sean personas nuevas, diferentes,
> de novedosa frescura en cuanto a conducta y
> pensamiento. Así aprenderán por experiencia la
> satisfacción que se disfruta al seguir al Señor.
>
> ROMANOS 12:2, LBD

Una cafetería en Boston tiene un cartel de la caja regis-
tradora que dice NO LO HAGAS junto a una imagen
de un teléfono celular con una línea roja que lo cruza. El
administrador de la cafetería dice que ese cartel ha reducido
la cantidad de personas que detienen la fila porque continúan
conversando por teléfono antes de hacer su pedido o mientras lo hacen.

Las cortesías comunes se han vuelto tan poco comunes que las empresas ahora suelen contratar a «expertos en reglas de cortesía» para enseñar las cortesías sociales en los lugares de trabajo. Los empleados consideran que las actitudes y las acciones irrespetuosas reducen la productividad y dañan la moral. Desean hacer cambios, tales como prohibir el envío de mensajes de texto durante las reuniones. Los sencillos recordatorios de buenas costumbres reflejan un respeto personal y profesional que ayuda a las personas a establecer relaciones más fuertes.

La falta de cortesía en nuestra sociedad nos da más de una oportunidad de sobresalir como personas amables. Por lo general, la palabra griega *ekklesia* se traduce por «iglesia» en el Nuevo Testamento. Literalmente significa «llamados». Describe a las personas que responden al amor de Dios y tienen el llamado a ser seguidores de Cristo. Ser llamado implica tomar la decisión de amar a otros de forma cotidiana. En el lugar de trabajo y en el hogar, la cortesía es tan sencilla como tratar a los demás con respeto.

MEDIDA DE ACCIÓN

¿Qué hábito tienes que muestra falta de respeto hacia los demás? ¿Qué puedes hacer esta semana para cambiar ese hábito?

«Disculpa...»

Jesús estuvo recorriendo los pueblos y las aldeas, proclamando las buenas nuevas del reino de Dios.

LUCAS 8:1

Uno de los momentos más difíciles para ser cortés es cuando otros nos interrumpen. ¿Cuántas veces hemos suspirado por dentro cuando un compañero de trabajo «interrumpe por un minuto» cuando nos preparamos para una reunión? Aunque necesitemos decirle a alguien que en ese momento estamos ocupados, podemos hacerlo con cortesía.

Un día Jesús caminaba rodeado de una gran multitud cuando una mujer tocó su manto. Bien podría haber estado cansado, hambriento y deseoso de llegar a su destino.

Detenerse no habría hecho más que demorarlo, según la perspectiva humana. Sin embargo, se detuvo y preguntó: «¿Quién me ha tocado?» (Lucas 8:45). Luego, identificó a la mujer necesitada de sanidad y le dijo: «Hija, tu fe te ha sanado [...] Vete en paz» (v. 48).

En esa misma ocasión, un hombre llamado Jairo se postró a los pies de Jesús rogándole que fuera a su casa porque su hija se estaba muriendo. Jesús cambió de planes y fue hasta la casa de Jairo donde resucitó a la niña.

Al concentrarse más en la «lista de cosas por hacer» de Dios que en la suya, Jesús mostró que no consideraba a las personas como interrupciones, sino como amigos.

ORACIÓN

Señor, quiero ser tan consciente de tus propósitos para mi vida que pueda considerar incluso las interrupciones como oportunidades para amar a otros.

Amor en Chicago

Pues Dios amó tanto al mundo que dio a su
único Hijo, para que todo el que crea en él no se
pierda, sino que tenga vida eterna. Dios no envió
a su Hijo al mundo para condenar al mundo,
sino para salvarlo por medio de él.

JUAN 3:16-17, NTV

D.L. Moody fue un evangelista del siglo XIX que influyó
en millones de personas a través de sus predicaciones
y sus publicaciones. Su ministerio público se inició en 1850
cuando les predicaba a los marineros en el puerto de Chicago
y a los jugadores en las tabernas cercanas. En un viaje a Ir-
landa, Moody conoció a un carterista convertido, oriundo de
Lancashire, Inglaterra, llamado Harry Moorhouse. A Moody

no lo impresionó mucho el aspecto frágil del hombre, pero le permitió predicar durante su ausencia cuando este inglés visitó Chicago en 1868.

Moorhouse predicó siete noches seguidas sobre el amor de Dios según lo expresa Juan 3:16. Cuando Moody regresó a la ciudad y halló a Moorhouse llevando a los oyentes a los pies de Dios con el poder de su mensaje, Moody se sintió profundamente conmovido. Reconoció que su predicación había proclamado que Dios odia el pecado *y* al pecador. Moody reconoció su pecado de falta de gracia y decidió cambiar su mensaje a partir de ese momento, basándolo más en el amor de Dios.

Cuando recibimos a otros con amor, sin importar lo que hayan hecho, demostramos el amor de Dios... un amor que transforma vidas.

Pensamiento

¿Acaso tu comunidad trata a las personas como las ama Dios sin importar lo que hayan hecho? ¿Y tú?

SEXTA PARTE

HUMILDAD

Humildad

El Rey humilde

¿Quién como el Señor nuestro Dios, que tiene
su trono en las alturas y se digna contemplar los
cielos y la tierra?

Salmo 113:5-6

Imagina que es por la tarde del primer día en que el ser
humano caminó en la tierra. El Dios que acababa de crear
las estrellas, el agua y los árboles hace algo digno de mención:
inicia una conversación con el primer ser humano. Al hablar
con Adán, Dios demuestra que es un Dios que se inclina para
estar con su creación. Más tarde, cuando Adán y Eva se vuel-
ven en su contra, Dios los *busca* (lee Génesis 3:8), humillán-
dose una vez más para estar con sus hijos.

Rara vez pensamos en Dios como humilde. Sí como *soberano, santo, exaltado*, pero no *humilde*. Sin embargo, desde el principio de la creación, Dios se ha detenido para relacionarse con nosotros debido a que nos ama muchísimo.

Vemos la imagen suprema de la humildad de Dios en Cristo. Cuando el Hijo de Dios tomó su lugar entre nosotros, Él «se rebajó voluntariamente, tomando la naturaleza de siervo y haciéndose semejante a los seres humanos» (Filipenses 2:7). Cristo descendió para que nosotros podamos ascender. Él se hizo menos para que pudiéramos tener más. Esta clase de humildad procede de un corazón que ama de manera genuina a los demás y desea ayudarlos a tener éxito. Entonces, cuando amamos a otros, permanecemos cerca del Dios que humildemente está a nuestro lado.

ORACIÓN

Señor, te alabo por tu grandeza y por inclinarte para estar conmigo.

Humildad

Los ojos de Jesús

[Dios] me dijo: «Mi gracia es todo lo que
necesitas; mi poder actúa mejor en la debilidad».
Así que ahora me alegra jactarme de mis
debilidades, para que el poder de Cristo pueda
actuar a través de mí. Es por esto que me
deleito en mis debilidades, y en los insultos,
en privaciones, persecuciones y dificultades
que sufro por Cristo. Pues, cuando soy débil,
entonces soy fuerte.

2 Corintios 12:9-10, ntv

Lilias Trotter, misionera entre los musulmanes en Argelia,
narra la historia de una niña llamada Melha, quien com-
prendió la esencia de la humildad.

«[Melha] se acercó a su padre casi ciego y le señaló uno de los cuadros en la pared, uno del Señor que invita a un niño a acercarse, y le dijo: "Mira a Jesús".

»"Ah, mi hija, no tengo ojos, no puedo ver", fue la respuesta. [La niña] alzó su cabeza y sus ojos al cuadro y dijo: "Jesús, ¡mira a mi padre!"».

Si Melha hubiera tenido el orgullo de los adultos, quizá habría coincidido con su padre en que era inútil tratar de ver a Dios. Sin embargo, en su gozosa humildad, solo reconoció que su padre era débil y Dios era fuerte. Sabía que Dios puede vernos incluso antes de que seamos capaces de mirarlo. Ansía que reconozcamos nuestra dependencia de Él.

En nuestra ambición, creemos que debemos ordenar nuestra vida antes de volvernos a Dios. No obstante, en nuestra humildad nos damos cuenta de que solo a través de Dios hallaremos la plenitud necesaria para amarlo, verlo y cuidar de los demás.

ORACIÓN

Dios mío, hoy me reconozco débil. Ayúdame a ser fuerte en ti.

Humildad

Por el bien de los demás

Ya conocen la gracia de nuestro Señor Jesucristo,
que aunque era rico, por causa de ustedes se hizo
pobre, para que mediante su pobreza ustedes
llegaran a ser ricos.

2 Corintios 8:9

Nacido en una familia noble, a Domingo de Guzmán (1170-1221), fundador de los Dominicos, lo conocían por el sacrificio personal y la preocupación por los demás. Siendo adolescente, Domingo era un destacado erudito y sus libros eran posesiones preciadas. Sin embargo, tenía un amor mayor que ese: cuidar de los necesitados.

Domingo creía que los otros conocerían el amor «por un ejemplo de humildad y otras virtudes con mucha más rapidez que por cualquier demostración externa o batalla verbal». Así que el sacerdote de una prestigiosa familia optó por vivir una vida de pobreza. Comenzó a viajar descalzo y se negó a dormir en una cama, haciéndolo en el suelo. Aceptaba la incomodidad como una oportunidad de alabar a Dios.

Domingo sacrificó los tesoros materiales porque sabía que la vida del ser humano valía mucho más que sus posesiones. Sacrificó su estatus porque reconocía que mostrarles amor a los demás era más importante que ser aplaudido. La humildad le permitió ver un bien mayor y actuar en consecuencia.

Dar ejemplo de humildad es una manera de amar a otros. Ser humilde podría implicar sacrificio de dinero, de un ascenso o la posesión más preciada de nuestra cultura: el tiempo. Cuando comprendemos que todas las cosas buenas son dones de Dios, somos libres para entregarlas por el bien de los demás.

ORACIÓN

Padre, ayúdame a ver cómo el sacrificio de mi propia comodidad puede ser una manera de amar a otros.

Hagámonos a un lado

A él le toca crecer, y a mí menguar.

JUAN 3:30

Lo hemos visto suceder muchas veces. Los mensajes de un líder que consiguen atraer a gran cantidad de personas, y parece que es la cabeza de un gran movimiento de parte de Dios. Sin embargo, a medida que los asientos del auditorio se llenan semana tras semana y los índices de audiencia se disparan por las nubes, algo sucede. Se enorgullece. Hay menos de Dios y más de él. La autocomplacencia y el pecado están apenas a un paso, y de repente el noticiario nocturno informa su caída.

Ese *no* fue el caso de Juan el Bautista, un predicador que alcanzó la fama de una estrella de rock hace dos mil años.

A pesar de su vestimenta rústica (llevaba ropa de cuero), de un mensaje desafiante («¡Arrepiéntanse!») y de un entorno inapropiado (el desierto), la gente amaba a Juan. «Toda la gente de la región de Judea y de la ciudad de Jerusalén acudía a él» (Marcos 1:5). Muchos se preguntaban si no sería el Mesías (lee Lucas 3:15).

Juan jamás se dejó llevar por las expectativas de los demás. Sabía que el papel que le entregó Dios era señalar a Cristo (lee Marcos 1:7). Se hizo a un lado para que Jesús, y no él, pudiera ser glorificado.

ORACIÓN

Ayúdame a aprender a hacerme a un lado, Señor, para que otros (¡en especial tú!) se vean con mayor claridad.

Humildad

El viaje hasta Connecticut

Imítenme a mí, como yo imito a Cristo.

<small>1 Corintios 11:1</small>

Ellen trabaja como asistente administrativa en una escuela secundaria de Carolina del Norte. La conocen como una trabajadora eficiente con un interés genuino por los estudiantes. Lo que muchos no saben es que cada martes por la noche Ellen va a la cárcel a fin de dirigir un estudio bíblico para las presas. A través de los años, muchas de estas mujeres experimentaron el amor de Cristo a través de Ellen.

Cuando a Ashley, una de las mujeres que Ellen conoció en la cárcel, la trasladaron a una prisión en Connecticut, Ellen quiso ayudarla de alguna manera. Ellen fue a ver a la madre de Ashley que se mudó a Carolina del Norte después que un huracán destruyera su casa en Florida. Sabiendo cuánto ansiaban Ashley y su madre poder verse, Ellen llevó a la madre en su automóvil hasta Connecticut poco después que a Ashley la transfirieran allí.

Estar dispuesta a usar tus vacaciones para que una anciana madre pueda estar con su hija es una clara muestra de humildad. Ellen puso sus propias necesidades a un lado por el bien de otra persona.

La humildad nos llama a acercarnos a los demás de la misma manera que Cristo se acercó a la gente. Eso significa que debemos ser conscientes de las necesidades de otros y aprovechar las oportunidades de suplir tales necesidades.

MEDIDA DE ACCIÓN

Abandona algo esta semana de manera que puedas suplir una necesidad práctica de alguien que no sea de tu familia.

Humildad

Difícil de pasar por alto

Vengan a mí todos ustedes que están cansados y
agobiados, y yo les daré descanso. Carguen con
mi yugo y aprendan de mí, pues yo soy apacible y
humilde de corazón, y encontrarán descanso para
su alma.

MATEO 11:28-29

Friedrich Nietzsche (1844-1900) creía que la meta de la existencia humana era cultivar individuos que se elevaran por encima del montón. Su filosofía del superhombre era diametralmente opuesta a la de un Dios que se entregó a sí mismo. Sin embargo, en sus últimos años de vida, Nietzsche firmaba sus cartas «el Crucificado», porque seguía luchando con la manera de responder al Cristo de la Biblia. Al filósofo que anunció la muerte de Dios le resultó imposible pasar por alto la humildad de Jesús.

Resulta sencillo minimizar la asombrosa elección que Dios hizo de venir a este mundo no como un rey ni un guerrero, sino como un bebé. Dios sabía que la humildad, más que un espectáculo de poder, sería lo que captaría nuestra atención. ¿De qué otra manera podríamos creer que el camino hacia la grandeza es hacia abajo?

La humildad sigue siendo un componente clave de cómo Dios muestra su amor. Por eso desea ver esta característica reproducida en sus hijos. Al menos en tres oportunidades, Jesús repitió el siguiente principio: «Todo el que a sí mismo se enaltece será humillado, y el que se humilla será enaltecido» (Lucas 14:11; 18:14; lee también Mateo 23:12). Las palabras de Cristo se hicieron eco de la vida que estaba viviendo, una vida de tan sorprendente humildad que es difícil que cualquier persona la pase por alto.

ORACIÓN

Señor, deseo tener un corazón de siervo en la forma de relacionarme con otros que sorprenda a las personas.

Humildad

La sabiduría de los niños

> Les aseguro que a menos que ustedes cambien y
> se vuelvan como niños, no entrarán en el reino de
> los cielos. Por tanto, el que se humilla como este
> niño será el más grande en el reino de los cielos.

MATEO 18:3-4

La escritora Kim Bolton se enfrentó a una mañana de lava-do de ropas, platos sucios y las responsabilidades de llevar a sus hijos y otros niños a la escuela. Mientras llevaba otra canasta de ropa al cuarto de lavandería, escuchó la vocecita de su hijo de dos años: «¡Oye, mami! ¿Por qué no vienes a sentarte conmigo en el sillón?».

Kim le explicó que tenía mucho que hacer y no podía sentarse. «Pero al menos un minuto», rogó el pequeño golpeando con su manito el asiento a su lado.

Kim dejó la canasta de ropa y se sentó.

«¿No es lindo, mami?»

Madre e hijo se sentaron juntos durante noventa segundos. Luego, el niño palmeó la rodilla de Kim y le dijo: «Ahora puedes irte». Kim regresó a cumplir con las exigencias del día con un ritmo más calmado y con más paz en su corazón.

Jesús dice que debemos humillarnos como los niños para entrar al reino de los cielos. Ser como niños significa que en medio de un día ajetreado nos permitamos un tiempo para entablar relaciones en vez de afanarnos por tener las cosas hechas. Cuando descubrimos la humildad de un niño, nos bajamos del trono de la confianza en nosotros mismos y nos inclinamos ante Dios. En humildad, reconocemos que, al final, no todo depende de nosotros.

MEDIDA DE ACCIÓN

Piensa en una circunstancia o tarea que te parezca abrumadora en este momento. ¿Cómo sería si le confiaras a Jesús esa situación tal como lo haría un niño?

Una idea radical

¡Ya se te ha declarado lo que es bueno! Ya se te ha
dicho lo que de ti espera el SEÑOR: Practicar la
justicia, amar la misericordia, y humillarte ante
tu Dios.

MIQUEAS 6:8

Como heredero de la granja lechera Borden, William Borden ya era millonario al graduarse del instituto. Cuando
estudiaba en la universidad de Yale, fue el presidente de la
sociedad de honor académica *Phi Betha Kappa* y estaba activo
en los equipos de fútbol, béisbol y lucha. Sin embargo, su
pasión era la obra religiosa, en especial la misión de rescate
que fundó.

Cuando Borden se graduó en Yale en 1909, había decidido ser misionero en China a pesar de las advertencias de sus amigos de que estaba desperdiciando su vida. Se matriculó en el Seminario de Princeton y viajó a otros institutos y seminarios alentando a los estudiantes a que dieran su vida a las misiones. Además de sus otros compromisos, siguió visitando la misión *Hope* en Yale y donaba con generosidad para apoyar ese ministerio.

Borden falleció a los veinticinco años, durante una capacitación en Egipto, pero su influencia permanece viva. Charles Erdman, profesor de Princeton, comentó sobre Borden: «Aparte de Cristo, no existe explicación para una vida así».

La verdadera humildad carece de sentido en términos humanos. Abandonar una vida privilegiada para servir a otros es nada menos que una idea radical. A decir verdad, aparte de la humildad que Dios muestra hacia nosotros, no existe explicación alguna para eso.

ORACIÓN

Padre, deseo vivir mi vida de una manera que no tenga sentido aparte de ti.

El peor tipo de orgullo

No quiero decir que ya haya logrado estas cosas ni que ya haya alcanzado la perfección; pero sigo adelante a fin de hacer mía esa perfección para la cual Cristo Jesús primeramente me hizo suyo. No, amados hermanos, no lo he logrado, pero me concentro sólo en esto: olvido el pasado y fijo la mirada en lo que tengo por delante, y así avanzo hasta llegar al final de la carrera para recibir el premio celestial al cual Dios nos llama por medio de Cristo Jesús.

Filipenses 3:12-14, NTV

«Me resistía a iniciar una tarea que sentía que Dios me llamaba a hacer», me comentó una conocida. «No me sentía capacitada y presentía que pasaría por tonta.

Luego, un amigo me dijo: "Dios no siempre llama a los preparados, pero siempre prepara a los llamados". De manera que inicié la tarea y Dios hizo el resto». Cuando esta mujer le confió a Dios el resultado, se sintió libre para servir a los demás.

Si te sientes incapaz o indigno para intentar algo para Dios, considera si lo que te retiene es un deseo malsano para hacer cosas a la perfección. Como dijera el escritor Warren Wiersbe: «Negar que podamos hacer la obra de Dios no es humildad, sino la peor clase de orgullo». Si estás esperando ser mejor, más brillante o estar más preparado, es probable que te apoyes más en ti que en Dios.

El apóstol Pablo sabía que siguiendo el llamado de Cristo en su vida sería a veces un proceso complicado. Sobre esto escribió: «No es que ya [...] sea perfecto. Sin embargo, sigo adelante esperando alcanzar aquello para lo cual Cristo Jesús me alcanzó a mí» (Filipenses 3:12). Cuando tu mayor deseo es amar a otros como Cristo indica, practicas la humildad necesaria para arriesgarte a cometer errores.

PENSAMIENTO

Piensa en algo a lo que te sientes llamado para hacer que vacilas en iniciarlo. Ora para saber si es Dios el que te pide que esperes o si eres tú el que te resistes a hacerlo por temor a fracasar.

Humildad

Liderazgo servicial

> [Jesús] echó agua en un recipiente y comenzó a
> lavarles los pies a sus discípulos y a secárselos con
> la toalla que llevaba a la cintura.
>
> JUAN 13:5

Conocí una vez a un pastor que era cada vez más popular en su denominación. Lo invitaban a servir en varios comités y juntas, y como orador en reuniones nacionales. Lo observé con atención y jamás noté en él un espíritu de orgullo. Solo hacía lo mejor que podía cuando le pedían que sirviera.

En cierta oportunidad, cuando le pidieron que hablara en una reunión estatal de pastores, les recomendó que uno de sus jóvenes pastores asociados lo hiciera en su lugar. Sentía que los pastores jóvenes necesitaban que se les escuchara. He pasado mucho tiempo con pastores. Puedo decirte que esta no es la actitud normal de un pastor que está a mitad de su carrera. Vi la acción de este hombre como una señal de genuina humildad: el deseo de ceder su puesto a fin de que avancen otros.

Cuando los líderes tienen verdadera humildad, no les preocupa exaltarse a sí mismos. En su lugar, ayudan a que los líderes más jóvenes encuentren su lugar en el reino. Si los líderes transitan el camino de la humildad, hay grandes posibilidades de que los sigan otros. Como enseñó Jesús: La verdadera grandeza se ve en los que sirven a los demás.

Medida de acción

Piensa en alguien que podría tener una oportunidad de asumir un papel de liderazgo o una responsabilidad en particular si tú hicieras algo en su favor. Pregúntale a Dios cómo quiere que sirvas a esta persona.

Pan de paz

Dichosos los que trabajan por la paz, porque
serán llamados hijos de Dios. Dichosos los
perseguidos por causa de la justicia, porque el
reino de los cielos les pertenece.

MATEO 5:9-10

En 1938, doscientos cincuenta hombres estaban apiñados en una pequeña celda de una cárcel rusa. Un hombre llamado David Braun estaba entre ellos. Enseguida notó que un sacerdote ortodoxo compartía la celda. Aunque el rostro del anciano irradiaba paz, dos hombres se burlaban de él y blasfemaban contra lo que era sagrado para él. Este hombre respondía con amabilidad.

Un día en el que David recibió un trozo de pan de su esposa, le dio una parte al sacerdote. Sin embargo, en vez de comerlo, lo partió y se lo entregó a los dos hombres que lo vituperaban. David no volvió a escuchar burlas en esa celda. Aunque aquel sacerdote falleció poco después, su humilde espíritu siguió influyendo en los demás.

La humildad no se preocupa por las ofensas ni el ridículo. Eso no significa que el rechazo no nos provoque dolor. Es más, cuando nuestros esfuerzos son objeto de burla, es que la humildad es más difícil... y más necesaria. Debemos descansar en la ayuda de Dios, creyendo que Él comprende mucho más que nosotros la bondad y el riesgo de amar a otros.

PENSAMIENTO

Piensa en las ocasiones cuando las opiniones de los demás evitaron que amaras a otros con humildad. Pídele a Dios que te dé la humildad que trasciende tus circunstancias.

Humildad

Monedas

Den a todos el debido respeto.

<small>1 Pedro 2:17</small>

Robert Goodwin, presidente de la fundación *Points of Light*, cuenta de la vez en que pasó junto a un mendigo de camino hacia su trabajo una mañana de invierno. Goodwin había visto al hombre varias veces y en ocasiones le había dado dinero. No obstante, esa mañana en particular, se dio cuenta de que no tenía monedas en el bolsillo. En vez de pasar de largo, Goodwin le dijo: «Lo siento, hermano. Hoy no tengo nada para darte».

En eso, el hombre le respondió: «Ah, pero ya lo hiciste. Me llamaste hermano».

Goodwin sabía que su lugar en la sociedad era más «aceptable» que el de aquel hombre desamparado. Sin embargo, escogió un estándar diferente... un estándar en el que afirma que todos somos iguales ante Dios. Actuó sobre la creencia de que las necesidades del otro son tan importantes como las propias. Al detenerse y llamar hermano a este hombre, Goodwin sacrificó un instante de su tiempo, pero lo que es más importante, sacrificó su derecho a ser más importante que otro. Mostró verdadera humildad: una paz del corazón que confirma el valor de los que nos rodean.

Oración

*Cada vez que encuentre a un desconocido hoy,
Señor, ayúdame a verlo como lo ves tú.*

SÉPTIMA PARTE

GENEROSIDAD

Colaboradores con Dios

Dios puede hacer que toda gracia abunde
para ustedes, de manera que siempre, en toda
circunstancia, tengan todo lo necesario, y toda
buena obra abunde en ustedes.

2 CORINTIOS 9:8

David Livingstone, el gran misionero y explorador africano, escribió en cierta oportunidad: «No le daré valor a nada que tenga ni que llegue a poseer, excepto lo que se relacione con el reino de Cristo. Si hay algo que haga avanzar los intereses de ese reino, lo daré o lo guardaré, solo si al hacerlo promuevo la gloria de Aquel a quien le debo todas mis esperanzas en el tiempo y la eternidad». Livingstone sabía que todo lo que tenemos, y lo más importante que *tenemos*, son regalos de Dios. Al dar tiempo, energía, capacidades y dinero, colaboramos con Dios en el establecimiento de su reino.

Cuando las exigencias de la vida hacen que el servicio a Dios parezca abrumador, eso es señal de que estamos confiando en nosotros mismos en vez de hacerlo en Dios. Nuestro razonamiento es que si tuviéramos un poco *más* de tiempo o dinero, podríamos servir a Dios y ofrendar para su reino. Sin embargo, Jesús dijo: «Al que cuida bien lo que vale poco, también se le puede confiar lo que vale mucho» (Lucas 16:10, TLA).

Dios conoce nuestras necesidades y las presiones que enfrentamos. En medio de todo eso, Él dice: *Te amo tanto que ansío que te sumes a lo que estoy haciendo.* Dar no es cuestión de *cuánto* tenemos, sino de amar a Dios con *lo que* tenemos.

Oración

Padre, deseo compartir lo que me has dado porque quiero ser parte de lo que estás haciendo. Gracias por usar lo que tengo para tu reino.

Un uno por ciento más

Cada uno debe dar según lo que haya decidido
en su corazón, no de mala gana ni por obligación,
porque Dios ama al que da con alegría.

2 Corintios 9:7

Una conversación que tuve hace poco con un amigo hizo
que me acordara del gozo que encontramos al dar.

—Cuando mi esposa y yo nos casamos —dijo—, decidimos dar el diez por ciento de nuestro ingreso a la obra del
Señor. Hacia finales de nuestro primer año de casados, yo había iniciado un pequeño negocio y Dios nos había bendecido.
Entonces le dije a mi esposa: "Como creyentes en Cristo que
han recibido tanto de su parte, siento que debemos hacer más.
¿Estarías de acuerdo en que ofrendemos el once por ciento

de nuestro ingreso durante el próximo año?". Mi esposa lo aprobó.

»Al final de ese año, Dios había bendecido nuestro negocio y le pregunté a mi esposa si estaría dispuesta a dar el doce por ciento el próximo año. Una vez más estuvo de acuerdo. Después de eso, cada año añadimos a nuestra ofrenda un uno por ciento más de nuestro ingreso total, y en cada oportunidad, al final del año, nos queda más de lo que teníamos el año anterior.

—¿Cuánto hace que están casados? —le pregunté.

Sonrió y respondió:

—Cuarenta y nueve años.

Rápidamente calculé que esta pareja estaba ofrendando el cincuenta y nueve por ciento de su ingreso para la causa de Cristo. La sonrisa de mi amigo me recuerda que la ofrenda generosa y dada con gozo es una de las maneras en que expresamos nuestro amor a Dios.

Medida de acción

Revisa tu plan de ofrendar y considera si Dios quiere que aumentes un uno por ciento de tus ingresos totales.

Lista de oración

> [Ana] era una viuda de ochenta y cuatro años.
> Nunca se apartaba del templo, sino que de día
> y de noche rendía culto a Dios con ayunos y
> oraciones.
>
> LUCAS 2:37, RVC

Hace poco visité a una de las ancianas de nuestra congregación. Me dijo: «Estoy en una etapa de la vida en la que físicamente no puedo hacer demasiado para ayudar a otros. Así que Dios me ha dado el ministerio de la oración. Dedico dos horas diarias a orar por los demás».

Esta mujer ora quince minutos cada hora entre las ocho de la mañana hasta las once, y desde la una hasta las cuatro de la tarde. Me mostró su libreta de oración donde estaban los nombres de las personas por las que oraba. La lista incluía a toda su familia extendida, varios de la familia de la iglesia, misioneros, vecinos en su comunidad y excompañeros de trabajo. Además, añade a su lista los individuos que la llaman con peticiones de oración.

En esta etapa de la vida de esta mujer piadosa, la oración es la manera en que puede amar a los demás a plenitud. ¡Y qué contribución está haciendo para el reino de Dios! Cuando me marché ese día, me aseguré de que mi nombre estuviera en su lista de oración.

ORACIÓN

Padre, cuando pienso que no tengo nada que ofrecerte a ti ni a los demás, haz que recuerde lo que puedo dar.

Buenos dones

> Toda buena dádiva y todo don perfecto
> descienden de lo alto, donde está el Padre que
> creó las lumbreras celestes, y que no cambia
> como los astros ni se mueve como las sombras.
>
> Santiago 1:17

Siempre he encontrado increíble que el Dios eterno nos invitara a pedirle dones, pero eso es precisamente lo que enseñó Jesús. Sabiendo que Dios se deleita en darles cosas buenas a sus hijos, Jesús alentó a sus seguidores a pedir. «¿Quién de ustedes, si su hijo le pide pan, le da una piedra? ¿O si le pide un pescado, le da una serpiente? Pues si ustedes, aun siendo malos, saben dar cosas buenas a sus hijos, ¡cuánto más su Padre que está en el cielo dará cosas buenas a los que le pidan!» (Mateo 7:9-11).

Dios es el Gran Dador de Dones. A lo largo de la historia, Él se ha revelado como Aquel que expresa su amor al darles cosas a sus hijos. Los dones de Dios no tienen nada que ver con nuestro «desempeño». Son reflejos de su amor puro, el cual se nos da sin restricciones.

Siguiendo el ejemplo de Dios, cuando somos generosos con otros, no lo hacemos basándonos en las acciones de la otra persona. Al darles a otros, reflejamos el amor de un Padre celestial que se deleita en darles a los que ama.

PENSAMIENTO

¿Qué buen regalo tienes la posibilidad de darle hoy a alguien que lo necesita?

Generosidad

Entrega tu vida

Nadie tiene amor más grande que el dar la vida
por sus amigos.

JUAN 15:13

El 16 de abril de 2007, un hombre armado sembró la muerte en un campus del Instituto Politécnico y Universidad Estatal de Virginia. En el Norris Hall, los alumnos del aula del profesor Liviu Librescu escucharon los disparos y los gritos en el salón contiguo. Librescu, un sobreviviente del Holocausto de setenta y siete años de edad, les indicó a sus alumnos que escaparan por las ventanas del aula mientras él bloqueaba la puerta de ingreso. Mientras los estudiantes saltaban al exterior, el profesor mantuvo la puerta cerrada para que el hombre armado no ingresara. Una bala atravesó la puerta y acabó con su vida.

Jesús enseñó que el acto supremo de generosidad es dar la vida por alguien. Él mismo fue un ejemplo cuando entregó su vida para salvarnos. Al imitar su amor, estaremos dispuestos a entregarnos por los demás. Esto puede significar que sacrifiquemos nuestra vida, como hizo Librescu. O tal vez sea dejar de lado nuestros planes para ocuparnos de la necesidad de alguno. Puede ser que ofrendemos lo que nos resulta más preciado para poder obtener lo que es más preciado para Dios.

Cuando aprendemos cómo quiere Dios que amemos a los demás, «entregaremos» nuestra vida cada día al darnos por completo en un amor sacrificial.

Oración

Señor, quiero estar preparado para dar incluso mi vida por amor a los demás. Ayúdame a saber cómo empezar a amar a otros con ese nivel de generosidad.

Una nación encantadora

Den, y se les dará: se les echará en el regazo una
medida llena, apretada, sacudida y desbordante.
Porque con la medida que midan a otros, se les
medirá a ustedes.

Lucas 6:38

En *El progreso del peregrino*, Juan Bunyan escribió: «Había
un hombre, aunque algunos lo consideraran loco, que
cuanto más daba más tenía». Cuando aprendemos la gracia
de dar, Dios nos da de manera mucho más abundante en
recompensa.

Dios le expresó esta verdad al antiguo Israel: «Traigan íntegro el diezmo para los fondos del templo, y así habrá alimento en mi casa. Pruébenme en esto —dice el SEÑOR Todopoderoso—, y vean si no abro las compuertas del cielo y

derramo sobre ustedes bendición hasta que sobreabunde [...] Entonces todas las naciones los llamarán a ustedes dichosos, porque ustedes tendrán una nación encantadora —dice el Señor Todopoderoso» (Malaquías 3:10, 12).

La generosidad no surge del deseo de ser recompensado, sino del amor genuino por los demás. Es una paradoja espiritual de que cuando damos lo que nos da Dios, somos propensos a recibir más bendición de Dios. Además, guiamos a otros hacia la «nación encantadora» que puede hallarse cuando seguimos a Dios (v. 12).

Oración

Señor, no deseo acaparar lo que me diste. Permite que muchas personas lleguen a amarte porque vean tu amor expresado con generosidad a través de mí.

Dispuestos al sacrificio

Hermanos, también queremos contarles acerca de
la gracia que Dios ha derramado sobre las iglesias
de Macedonia, cuya generosidad se desbordó en
gozo y en ricas ofrendas, a pesar de su profunda
pobreza y de las grandes aflicciones por las que
han estado pasando. Yo soy testigo de que ellos
han ofrendado con espontaneidad, y de que lo
han hecho en la medida de sus posibilidades, e
incluso más allá de estas.

2 CORINTIOS 8:1-3, RVC

Cada Navidad, la iglesia donde sirvo recibe una ofrenda
especial para las misiones de misericordia en el extranje-
ro. Hace unos años, desafié a la congregación en enero para
que considerara separar veinte dólares a la semana aparte del

diezmo. A fin de año, cada familia podría ofrendar mil dólares a las misiones.

Varios aceptaron el reto y nuestra ofrenda misionera ese año superó los quinientos mil dólares. Una joven pareja me dijo: «Hacía solo seis meses que nos habíamos casado cuando usted presentó su desafío [...] Apartamos los veinte dólares cada semana. Varias veces nos vimos tentados a tocar nuestra ofrenda misionera, pero no lo hicimos. Es con gran gozo que entregamos nuestra ofrenda de mil dólares a las misiones». Y me entregaron un sobre que contenía cincuenta billetes de veinte dólares.

Los planificadores financieros aconsejan que uno separe un poco más de dinero del estipulado al ahorrar para la jubilación. El mismo principio es cierto al ofrendar, aunque por motivos distintos. Tu nivel de ofrenda influirá en las decisiones que hagas en cuanto a otros gastos. Si no es así, deberías considerar ofrendar más de lo que crees que puedes dar.

El sobre que recibí de ese joven matrimonio representaba sacrificio. Un sacrificio hecho con gozo y agradable al Dador de todos los dones.

Pensamiento

¿Cuándo fue la última vez que sacrificaste algo por alguien? ¿Qué podrías sacrificar hoy?

Generosidad

Una iglesia que se preocupa

Queridos hijos, no amemos de palabra ni de labios para afuera, sino con hechos y de verdad.

1 Juan 3:18

Si la generosidad se convierte en el estilo de vida de la iglesia a la que asistes, ¿a qué se parecería? Las viudas, los padres solteros y los hijos de divorciados se beneficiarían del amor que se expresa de maneras prácticas y relacionales. Las actividades se concentrarían en llevar el mensaje de sanidad de Cristo a los corazones quebrantados. Cada miembro de la iglesia se sentiría valorado por sus dones y motivado a usarlos. Se desarrollarían nuevos ministerios a medida que los miembros vieran oportunidades para expresarles amor a los necesitados.

Hace algunos años, la iglesia en que sirvo comenzó a analizar formas de amar a nuestra ciudad de manera más eficaz. Ahora proveemos meriendas los fines de semana para niños de primaria que viven en un barrio marginal. En el otoño les proveemos mochilas y útiles escolares a los mismos estudiantes. Otros miembros de la iglesia les ministran a prisioneros de la localidad y a sus familias.

En una iglesia en crecimiento que visité en Arkansas, los miembros crearon un taller de capacitación para desempleados o subempleados. Las clases se enfocaban en la preparación de un currículum vítae, habilidades para las entrevistas de trabajo, planificación de la trayectoria profesional, preparación de un presupuesto, estrategias de búsqueda de empleo y la superación de las barreras del empleo. Luego, la iglesia se las ingenió para ser creativa en cuanto a otras maneras de dar: asando perritos calientes en un complejo de apartamentos, entregando almuerzos para niños y ayudando a los vecinos ancianos con el mantenimiento de la casa.

Cuando una iglesia decide ser generosa para amar a otros, las oportunidades son ilimitadas.

ORACIÓN

*Señor, ayúdame a formar parte del logro de mi
iglesia para que la comunidad la conozca
por su generosidad.*

Recaudación de fondos para las víctimas del hambre

Ustedes serán enriquecidos en todo sentido para que en toda ocasión puedan ser generosos, y para que por medio de nosotros la generosidad de ustedes resulte en acciones de gracias a Dios.

2 Corintios 9:11

Una serie de años más secos de lo habitual empuja a un país hacia el borde de una hambruna. Los campos se resquebrajan bajo el ardiente sol. Los padres se sientan con la cabeza entre las manos, desesperados por no poder proveer para su familia. Los niños desnutridos deambulan con piernas delgadas como palillos. Un llamado va dirigido a las iglesias para que envíen ayuda financiera.

Esta escena se repite en varios países hoy en día. El acontecimiento que tengo presente fue, sin embargo, la hambruna que se produjo en Israel durante la segunda mitad de los años de 1940. Cuando Pablo y Bernabé hicieron una visita inicial a Jerusalén en el año 46 d. C. para aliviar el hambre (lee Hechos 11:29-30), la iglesia de Jerusalén expresó la esperanza de que los creyentes gentiles siguieran ayudándolos. Pablo hizo una petición especial de fondos y hasta aconsejó a la iglesia de Corinto sobre la recaudación de dinero (lee 1 Corintios 16:1-4). En su siguiente carta, los instó a que completaran su regalo (lee 2 Corintios 8-9). Pablo les enseñó a los cristianos a dar con regularidad, de manera proporcional y con alegría. Este esfuerzo de recaudación se terminó en el año 57 d. C. y lo recaudado se envió por medio de Pablo y de un grupo de delegados elegidos por las iglesias gentiles contribuyentes.

Cada vez que damos dinero para ayudar a otros, imitamos una antigua tradición cristiana de expresar el amor de Dios por medio de la generosidad.

Oración

Padre, cuando recibo peticiones de ayuda
financiera, muéstrame cómo quieres que dé.

Generosidad

Diamantes en bruto

¡Fíjense qué gran amor nos ha dado el Padre,
que se nos llame hijos de Dios! ¡Y lo somos! El
mundo no nos conoce, precisamente porque no
lo conoció a él.

1 JUAN 3:1

Janet les había enseñado a las niñas en la Escuela Dominical
por muchos años. Hace ocho años, se dio cuenta de que
las niñas necesitaban más de lo que podía darles en una hora
los domingos por la mañana, así que comenzó a llevarlas a
su casa los sábados. Les proporcionaba almuerzo, hacían un
estudio bíblico y les enseñaba habilidades necesarias para la
vida cotidiana.

«Estas niñas provienen de hogares de padres solteros, de familias sustitutas y a veces de familias abusivas», me comentó Janet. «Les enseñamos a tener buenos modales en la mesa y a atender el teléfono, sobre el cuidado personal y las estrategias de estudio». A veces invita a personas que enseñan sobre temas como el abuso o los trastornos alimenticios. «Estamos distinguiéndonos en la vida de las niñas», dijo.

Janet está siguiendo los pasos de Jesús, quien comió, anduvo y conversó con esos que amaba. Además, sigue los pasos del apóstol Pablo que invirtió tiempo en el joven Timoteo (lee 2 Timoteo 2:2). Durante dos mil años, el amor de Cristo se ha manifestado a los demás entregando horas del día.

Es un espíritu de generosidad el que le da a Janet la libertad para ocuparse de quienes llama «diamantes en bruto». Esta joven podría hacer muchas otras cosas los sábados por la mañana, pero sabe que no podría influir de manera profunda en la vida de las niñas si no pasara tiempo a su lado.

ORACIÓN

Señor, sé que a veces me aferro demasiado al tiempo que tengo. Ayúdame a darme cuenta cuándo debo soltar mis manos, a fin de estar libre para ayudar a otros.

Juntos en el plan de Dios

A cada uno se le da una manifestación especial
del Espíritu para el bien de los demás.

~1 Corintios 12:7

El elemento básico de cualquier película buena de intrigas
es un equipo de personas que combinan sus habilidades
para llevar a cabo el plan, que casi siempre es el atraco a un
banco o el robo de una joya. Un equipo típico podría incluir
el estratega, el informante, el experto en explosivos, el espe-
cialista tecnológico y el controlador de la huida.

Algo así como este conjunto de individuos dotados tiene lugar en la iglesia. Sin embargo, el «plan» que queremos
llevar a cabo es amar a la gente. El Espíritu Santo distribuye
dones espirituales a los seguidores de Jesús para que la iglesia

esté abastecida de apóstoles, profetas, maestros, evangelistas y otros; todos los cuales, cuando se combinan en sus habilidades bajo la dirección del Espíritu, ayudan a mostrarle al mundo el amor de Dios.

Cuando estamos sentados en un cine, es sencillo ver cómo la ausencia de una persona puede arruinar un plan. Sin embargo, cuando nos sentamos en la iglesia, a veces nos olvidamos lo valiosa que es la contribución de cada persona para el reino de Dios. Lo cierto es que cuando tú o yo no usamos nuestros dones, todo el cuerpo sufre. Dios nos da dones «para el bien de los demás». Una de las mayores alegrías de la vida cristiana es compartir esos dones con generosidad y ver cómo Dios usa nuestra contribución para el beneficio de otros.

PENSAMIENTO

¿Cuáles son tus dones espirituales y dónde se necesitan tus dones en la obra de la iglesia?

Una guía del autoestopista para la generosidad

—Les aseguro —dijo [Jesús]— que esta viuda pobre ha echado más que todos los demás. Todos ellos dieron sus ofrendas de lo que les sobraba; pero ella, de su pobreza, echó todo lo que tenía para su sustento.

LUCAS 21:3-4

El escritor Sebastián Junger viajaba haciendo autoestop por Wyoming cuando un hombre desaliñado que llevaba una caja para el almuerzo le preguntó a Junger si tenía comida. «Sin duda, él no tenía nada», recordó Junger, «y si yo admitía que la tenía, me pediría [...] Veinte años después, todavía recuerdo mi respuesta: "Tengo un poco de queso".

» "No llegarás a California solo con un poco de queso», me dijo. «Morirás de hambre». Junger comenzó a comprender. Este hombre le estaba *ofreciendo* comida. Por más que Junger protestó, este hombre le dio un sándwich, una manzana y una bolsa de patatas fritas.

«Aprendí muchas cosas en la universidad, según creí [...] Pero tuve que estar allí en ese helado camino para aprender lo que es la verdadera generosidad de parte de un desamparado».

Podemos aprender grandes cosas sobre el amor en los lugares menos probables. Los que tienen poco son los que más podrían enseñarnos acerca del dar. Tal vez sea porque los más necesitados conozcan mejor la importancia de los pequeños actos de generosidad.

Cada uno de nosotros tiene el potencial de amar a los demás también. Por eso, cuando la generosidad se muestre en lugares inusuales, no te sorprendas. Puede que Dios quiera mostrarte que está listo para darte buenos regalos cuando menos lo esperes.

ORACIÓN

Querido Dios, perdóname por las veces que he rechazado la generosidad de otra persona porque provenía de una fuente inesperada.

OCTAVA PARTE

SINCERIDAD

Sinceridad

La vida en el mundo real

Deshágase de su vieja naturaleza pecaminosa
y de su antigua manera de vivir, que está
corrompida por la sensualidad y el engaño. En
cambio, dejen que el Espíritu les renueve los
pensamientos y las actitudes. Pónganse la nueva
naturaleza, creada para ser a la semejanza de
Dios, quien es verdaderamente justo y santo. Así
que dejen de decir mentiras.

EFESIOS 4:22-25, NTV

Siendo adolescente, Daniel Taylor le preguntó a un orador
de un campamento cristiano sobre una cuestión moral
que le incomodaba. En vez de señalarle lo que estaba bien y
lo que estaba mal, el hombre le respondió: «Tienes que decidir en qué plano vas a vivir tu vida».

Las palabras tuvieron un gran impacto en el adolescente. Ahora se pregunta a sí mismo y a sus hijos: «¿En qué plano vivirás tu vida? [...] ¿Vas a flaquear en esto, racionalizar en aquello, ser indulgente en lo otro y anular por un tiempo tus convicciones en lo de más allá?».

La falta de sinceridad es una de las formas más sutiles de la conducta poco afectuosa. ¿Cuántos hemos dicho pequeñas mentiras para racionalizar nuestra conducta? ¿Cuántos de nosotros hacemos compromisos diarios en vez de ir de frente y declarar la verdad?

Taylor concluye: «El mundo real es el mundo de Dios, no la barata y pervertida imitación del mundo con la que la mayoría se siente satisfecho. Para vivir al máximo en el mundo real y verdadero, tienes que decidir si quieres vivir a ese alto nivel».

Cada vez que decimos la verdad cuando pareciera más fácil mentir, nos acercamos más a la imagen de Cristo. Demostramos que no importa lo que sea aceptable en nuestra sociedad, queremos tomar una decisión mucho más satisfactoria que cualquier otra que un mundo engañoso puede ofrecer.

PENSAMIENTO

¿En qué plano vivirás tu vida?

La creación de una obra de arte

> El que practica la verdad se acerca a la luz, para
> que se vea claramente que ha hecho sus obras en
> obediencia a Dios.
>
> JUAN 3:21

Algunos expertos en arte estiman que las falsificaciones representan alrededor de la mitad del mercado del arte. El engaño es tan común que se suele alentar a los vendedores de arte a que asistan a las exhibiciones privadas de obras falsificadas para que aprendan lo que tienen que observar cuando compran y venden pinturas.

Así como las falsificaciones en el arte mundial atentan contra las obras auténticas, del mismo modo nuestras palabras falsas atentan contra nuestros esfuerzos genuinos por amar a otros. Cuando cedemos a la falsedad, no solo dañamos nuestras relaciones, sino también nuestros pensamientos y nuestro sentido de propósito. Pablo escribe: «Por lo tanto, dejando la mentira, hable cada uno a su prójimo con la verdad, porque todos somos miembros de un mismo cuerpo» (Efesios 4:25).

Por supuesto, decir la verdad no siempre es sencillo, así como tampoco lo es crear una obra de arte auténtica. A veces, mentir parece más seguro porque promete una rápida salida de lo que de otro modo sería una situación incómoda. Optamos por una mentira debido a que deseamos proteger nuestro frágil ego de lo que otros pudieran decir o pensar si supieran cómo somos en realidad. Sin embargo, crear el hábito de decir la verdad conduce a relaciones genuinas. Produce una obra de arte que jamás nos avergonzaremos de exhibir a cualquiera.

Oración

*Padre, enséñame a hablar de manera tal que
nadie necesite preguntarse si mis palabras son una
falsificación de la verdad.*

Misterio glorioso

[Mantengan] la conciencia limpia, para que los
que hablan mal de la buena conducta de ustedes
en Cristo, se avergüencen de sus calumnias.

1 Pedro 3:16

La Facultad de Estudios Transculturales del Seminario
Teológico Fuller realizó una encuesta entre setecientos
cincuenta musulmanes convertidos al cristianismo. Los resultados de la encuesta mostraron que la máxima motivación
para la conversión fue ver a los cristianos poner en práctica lo
que predicaban.

Los resultados de esta encuesta y otras similares son a la
vez un aliento y un desafío. Dios nos da el privilegio de ver
que nuestro estilo de vida sea determinante en otros. La integridad cristiana implica representar bien a Dios, hablando de

su verdad y su amor. Parece difícil y lo es, en nuestras fuerzas. No obstante, Cristo, «la esperanza de gloria», está en nosotros para amar a otros de la manera que los ama Jesús. Pablo describe esto como un misterio demasiado glorioso para comprenderse (lee Colosenses 1:27).

Vivir con integridad es una de las cosas más importantes que podamos hacer para atraer a otros a Jesús. Eso no significa que vivamos vidas perfectas. Caeremos y tendremos que pedirles perdón a Dios y a los demás. Sin embargo, aun en nuestras caídas, podemos reflejar una autenticidad que conduzca a otros a un Dios perfecto.

PENSAMIENTO

En la última semana, ¿cuándo tu conducta no estuvo a la altura de los valores que profesas?

Zona libre de chismes

No empleen un lenguaje grosero ni ofensivo. Que todo lo que digan sea bueno y útil, a fin de que sus palabras resulten de estímulo para quienes las oigan.

EFESIOS 4:29, NTV

Sam Chapman (que no es pariente mío) trabajaba en una oficina donde la gente decía las cosas como son, pero rara vez con amabilidad. El chismorreo era tan frecuente que la moral estaba en jaque y la carrera de todos estaba arruinada. De manera que cuando Chapman fundó su propia empresa, prohibió el chisme por completo. La regla es: si chismeas, estás despedido. Les llevó un tiempo a los empleados acostumbrarse, pero ahora valoran la sinceridad que genera un ambiente sin chismes.

La falta de sinceridad, el engaño y la exageración afectan las relaciones. Quizá estemos diciendo la verdad *sobre* alguien, pero nos olvidamos que la sinceridad incorpora las siete características de una persona amable. El chisme nunca es amable, ni paciente, ni cortés, ni humilde, ni generoso, ni perdona. Además, puede evitar que le digamos la verdad en amor directamente a la persona que necesita escucharla. Si nuestras palabras no van a edificar a la persona, mejor será que ni las pronunciemos.

El escritor de Proverbios nos dice: «En la lengua hay poder de vida y muerte; quienes la aman comerán de su fruto» (18:21). Al acercarnos a Dios, nos volvemos más conscientes de las veces que hablamos con sinceridad, pero no en forma bondadosa. Ya sea, o no, que vivamos o trabajemos en un lugar libre de chismorreos, aprenderemos a amar a los demás con nuestras palabras si vemos nuestras relaciones a la luz de nuestra relación con Dios.

Oración

*Antes de que diga algo de alguien, Señor, permite
que recuerde que debo preguntarme si lo que estoy
a punto de decir es verdadero y amable.*

Sinceridad

Solo tú y Dios

Obedezcan en todo a sus amos terrenales, no sólo
cuando ellos los estén mirando, como si ustedes
quisieran ganarse el favor humano, sino con
integridad de corazón y por respeto al Señor.

<small>COLOSENSES 3:22</small>

En la década de 1980, al servicio de recaudación de impuestos estadounidense le llamó la atención que gran número de contribuyentes estaban declarando personas bajo su cargo no autorizadas. Algunas de estas declaraciones eran absurdas (tales como Bobby, que quizá tuviera cuatro patas) y otros eran comprensibles (cónyuges divorciados y ambos reclamaban a sus hijos). En 1986, el Congreso promulgó una ley que les exigía a los contribuyentes que hicieran una lista con los números de las tarjetas de seguridad social de los hijos a cargo. Cuando llegaron los reintegros en el mes de abril del siguiente año, desaparecieron siete millones de personas a su cargo. El desafío a los contribuyentes para que verificaran sus declaraciones generaron alrededor de tres mil millones de dólares en ingresos adicionales tan solo en el primer año.

Se dice que un caballero es el que usa el cuchillo de la mantequilla aunque esté comiendo solo. ¿Quién eres tú cuando nadie te ve? Algunas personas jamás le mentirían a un amigo, pero no dudan en engañar a su empleador o al gobierno. Sin embargo, la falta de sinceridad en un aspecto de la vida conduce a la insinceridad en otros aspectos.

Es fácil caer en la falta de sinceridad cuando estamos convencidos de que nadie nos descubrirá. No obstante, así como la insinceridad resiente nuestras relaciones terrenales, también lo hace en nuestra relación con Dios. Él es un Padre amoroso que desea tener una relación genuina con sus hijos. Una parte esencial de nuestra relación con Él, como en cualquier otra relación, es ser veraces en nuestras palabras, nuestros pensamientos y nuestras acciones.

Oración

Perdóname por mi «secreta» insinceridad, Señor.
Ayúdame a ser íntegro, ya sea que esté con otros o
a solas contigo.

Quítate la piel de los cabritos

Tu hermano vino y me engañó, y se llevó la
bendición que a ti te correspondía.

GÉNESIS 27:35

El nombre Jacob significa «engañador», y es evidente que
su conducta le hace honor a su nombre. Engañó a su
hermano, Esaú, y a su padre, Isaac, para obtener los derechos
de la primogenitura aun cuando era el hijo menor.

Jacob se aprovechó del hambre de Esaú un día para arran-
carle una promesa de que le daría sus derechos de primer hijo.
Más tarde, Jacob se aprovechó de la ceguera de su padre Isaac
para hacerse pasar por Esaú y recibir la bendición del hijo
mayor. Sin duda, Jacob se vería ridículo cubierto con la piel
de los cabritos para parecer velludo como Esaú. Sin embargo,
el resultado del engaño de Jacob no fue ridículo, sino muy

serio. Generó una brecha entre él y su padre y su hermano que nunca se cerró por completo.

Jacob permitió que el resentimiento creciera hacia su hermano y permitió que las dudas sobre la bendición de Dios crecieran en su mente. Craig Barnes escribe que Jacob «había celado a Esaú por tanto tiempo que había dañado su capacidad de ser él mismo».

¿Acaso intentas ser alguien que no eres porque no crees que Dios honrará lo que eres? Dios ansía que aceptemos sus palabras de amor. Cuando sabemos lo valiosos que somos para Él, no tenemos necesidad de fingir. Tenemos la libertad para amar a los demás de manera auténtica.

PENSAMIENTO

¿Cuándo has tratado de engañar a otra persona porque no creíste que serías lo suficiente bueno en realidad?

Positivamente sincero

Una respuesta sincera es como un beso en los labios.

Proverbios 24:26

Una de mis luchas personales con la sinceridad ha sido por cómo responderles a las personas que me piden que les lea sus manuscritos. Hace años, aceptaba un manuscrito y se quedaba en mi escritorio varios meses. Cuando por fin lo leía, si el mensaje era sano, daba una opinión alentadora. Sin embargo, al no ser editor, no hacía comentarios sobre la calidad del escrito. Luego, el escritor intentaba, sin éxito, que alguien publicara su libro. Con el tiempo, me di cuenta de que estaba contribuyendo a la desilusión de las personas.

Ahora, cuando alguien me pide que lea un manuscrito, respondo: «No soy bueno para asesorar sobre el valor de un manuscrito ni tampoco mi agenda me permite tener el tiempo para leerlo. Sugiero que le pidas a un profesor que lo lea y compruebe la gramática, revise la estructura de las oraciones y haga sugerencias. Después, remítelo a una agencia literaria para que evalúen si vale la pena publicarlo». Les brindo un consejo útil siendo sincero en cuanto a mis limitaciones de tiempo y capacidad.

Cuando somos conscientes de lo que Dios quiso que fuéramos, no intentaremos ser alguien que no somos. Una parte de ser sincero es reconocer nuestras limitaciones de modo que podamos prestar atención a las tareas que Dios nos pide que hagamos.

ORACIÓN

Padre, te pido sabiduría para saber cómo ser
sincero respecto a mis limitaciones y mis fortalezas.

Sinceridad

Escritura libre

Lo que sale de la boca, sale del corazón.

Mateo 15:18, rvc

Los instructores de escritura a veces asignan un período de «escritura libre». Eso significa que se escribe todo lo que viene a la mente, sin levantar el bolígrafo del papel y sin detenerse a pensar en la puntuación, la gramática, ni siquiera en el significado. A veces, tal ejercicio ayuda a que la gente se dé cuenta de cuáles son sus sentimientos sobre una situación o hecho debido a que escriben sin analizar sus pensamientos.

Es un regalo cuando experimentamos esa clase de libertad en una relación, hablando con sinceridad acerca de nuestras emociones, nuestros temores y nuestras esperanzas. La novelista Dinah Craik escribió en cierta ocasión: «Ah, el placer, el indescriptible placer de sentirse *seguro* con una persona, de no tener que sopesar los pensamientos ni medir las palabras, sino dejarlas salir con libertad, así como son, paja y grano juntos; confiados de que una mano fiel las tomará y tamizará, conservará lo que vale la pena guardar y, luego, con el aliento de la bondad, aventará el resto».

Esta clase de amistad se gana con el tiempo cuando dos personas llegan a confiar la una en la otra. Debemos ser sinceros en todas nuestras relaciones, pero solo francos por completo en una o dos amistades especiales. Cuando adquirimos confianza con alguien a través de acciones coherentes, la verdad en todo y la voluntad de hablar realidades difíciles en un espíritu de amor, disfrutamos de la recompensa de una amistad que refleja la libertad que tenemos en Cristo.

Oración

Padre, gracias porque puedo derramar ante ti todos mis pensamientos y sentimientos. Te pido por uno o más amigos íntimos con quienes pueda también hablar con libertad.

La voz de Jesús

Las ovejas lo siguen porque reconocen su voz.

<small>JUAN 10:4</small>

La escritora y poeta Luci Shaw buscaba dónde acampar en las Rocosas canadienses cuando descubrió un venado que estaba solo en la orilla de un río. «Giró la cabeza hacia mí», escribe Shaw, «y me "vio" con las orejas. Cuando pienso en alguien con una sensibilidad especial para escuchar a Dios, recuerdo a este venado, alerta ante el menor sonido u olor».

Cuando nos esforzamos por hacer que la verdad sea parte de nuestra vida, nuestros oídos solo estarán atentos a la voz de Dios. Cuando Jesús se paró ante Pilato, dijo: «Yo para esto nací, y para esto vine al mundo: para dar testimonio de la verdad. Todo el que está de parte de la verdad escucha mi voz» (Juan 18:37).

Cuando buscamos de manera activa la verdad, estaremos más alertas a la voz de Jesús. Cada vez que elegimos escuchar y hablar la verdad en vez de algo falso, su voz se vuelve más clara para nuestra alma.

ORACIÓN

Señor, deseo escuchar tu sabia y amorosa voz por sobre todo. Adiestra mis oídos con la verdad.

Sincero con Dios

¿Cómo es posible que Satanás haya llenado tu
corazón para que le mintieras al Espíritu Santo?

Una iglesia con un corazón lleno de amor por el pobre
llevó a cabo una campaña a fin de comprometerse en la
recaudación de fondos para la gente de su comunidad. Los
miembros de la iglesia fueron generosos e hicieron grandes y
sacrificiales promesas de dinero.

Una pareja hizo una promesa generosa en particular, pero
a la hora de escribir el cheque les pareció que la cifra era demasiado exorbitante. En privado, acordaron donar una suma
mucho menor. Al domingo siguiente, después que se recogió
la ofrenda, el pastor notó que el cheque de esta pareja era por

una cantidad más pequeña de la que recordaba que prometieron dar.

—¿Esto es lo que prometieron? —les preguntó.

—Sí, por supuesto —le aseguraron. Y, al instante, cayeron muertos.

Esto quizá parezca inverosímil, pero algo muy parecido sucedió en la época de los apóstoles cuando Ananías y Safira le entregaron menos de lo prometido a la iglesia de Jerusalén. El asunto no era que Dios necesitara esas dracmas extra, sino que la pareja fue insincera ante Dios. Como le dijo el apóstol Pedro a Ananías: «¡No has mentido a los hombres sino a Dios!» (Hechos 5:4).

La mentira daña una relación. Si te has visto tentado a mentirle a Dios, pregúntate por qué sientes la necesidad de ocultar la verdad. Decirle la verdad a Dios no solo fortalece tu relación con Él, sino que te prepara también para relaciones dignas de confianza con los demás.

ORACIÓN

Señor, quiero ser sincero por completo contigo
acerca de mi pecado, mis sentimientos, mis dudas
y mis alegrías.

Sinceridad

Verdad interna

Dejen que el Espíritu les renueve los
pensamientos y las actitudes.

Efesios 4:23, ntv

Brooke jamás consideró que los libros que leía fueran dañinos. La lectura de las obras de Jane Austen o las novelas románticas cristianas parecían ser una manera relajada de pasar la tarde.

Sin embargo, pronto comenzó a imaginarse en las escenas del libro. Empezó a comparar a los hombres con los que salía con el Sr. Darcy de *Orgullo y prejuicio* (y se quedaban cortos) y a permitir que escenas inocentes de las novelas avanzaran varios pasos más en su mente. Comenzó a cruzar sus límites personales para llevar a cabo las fantasías relacionales que había estado imaginando.

Entonces, sentada en la iglesia un domingo, Brooke le escuchó expresar al pastor: «Decir la verdad en amor comienza por decirnos a nosotros mismos la verdad». Lo primero que le vino a la mente fue el montón de novelas románticas en su mesa de noche. Se había estado mintiendo acerca del impacto que tenían en su vida. La lujuria y los altísimos niveles de exigencia habían afectado sus relaciones con los hombres. La única manera de romper ese patrón era siendo sincera consigo misma en cuanto a sus hábitos de lectura destructivos.

Cuando nos decimos la verdad en amor, hacemos lo que nos conduce a lo mejor, a una vida que honra más a Dios y prepara nuestra alma para amar a otros.

PENSAMIENTO

¿En qué aspectos de tu vida puede que
te estés mintiendo?

Sinceridad

¿Sin ánimo de ofender?

Cuídense de los falsos profetas. Vienen a ustedes
disfrazados de ovejas, pero por dentro son lobos
feroces.

MATEO 7:15

Unos trescientos años después de Cristo, circulaba en la
iglesia una nueva teoría llamada arrianismo que propagaba la creencia de que Jesús no era Dios en carne humana,
sino apenas la más alta de las creaciones de Dios. Muchos
líderes de la iglesia primitiva estaban preparados para aceptar este error, pero Atanasio de Alejandría insistió en que la
iglesia se mantuviera firme en la verdad: Jesús es Dios. Esto
hizo que a Atanasio lo consideraran un agitador y que distintos emperadores lo desterraran cinco veces de Alejandría.
Sin embargo, al final, estableció la ortodoxia de la deidad de

Cristo y la iglesia adoptó una posición que no dejó espacio para el arrianismo.

¿Acaso Atanasio fue una persona poco amorosa porque hizo que la gente se enojara? Al contrario. El amor no se sienta sin hacer nada mientras las falsas enseñanzas destruyen vidas. Sin embargo, ese tipo de amor puede parecerle frío a un mundo que mira todas las cosas con una lente distorsionada. Como Dorothy Sayers escribió en *Letters to a Diminished Church*: «Creo que es un grave error presentar al cristianismo actual como algo encantador y popular sin ánimo de ofender».

El amor de Jesús lo llevó a confrontar el error con la verdad, aun cuando eso ofendiera a las personas. Su respeto hacia la verdad es el perfecto modelo para el cristiano que quiere hacer del amor su estilo de vida.

MEDIDA DE ACCIÓN

Piensa en lo que hace falta para defender la verdad cuando otros prefieren la distorsión y la falsedad. Decide hablar la verdad en amor aunque seas el único en hacerlo.

NOVENA PARTE

HAZ DEL AMOR UN ESTILO DE VIDA TODOS LOS DÍAS

En la fuerza de Cristo

Todo lo puedo en Cristo que me fortalece.

<small>FILIPENSES 4:13</small>

Las estanterías de las tiendas de libros están atiborradas de consejos sobre cómo romper con los malos hábitos: Sigue estos ocho pasos. Usa esta pulsera motivadora. Consulta a un hipnotizador. Contrata un entrenador personal.

Hay técnicas específicas que podrían ayudarte a cortar con ciertos hábitos; por ejemplo, a nadie le haces daño si cuentas hasta diez antes de hablar cuando estás enojado. Sin embargo, la única manera de que amar a las personas sea un hábito que fluya con naturalidad de tu alma es a través del poder de Dios.

Para convertirte en una persona más bondadosa, necesitas reconocer ante ti mismo y ante Dios que caes en hábitos poco amables y que deseas un cambio. Sé lo más específico posible cuando ores. ¿La tendencia de tu esposo a dejar los zapatos enlodados sobre la alfombra te saca de quicio? ¿Estás tan cansado de las vulgaridades de un compañero de trabajo que te cuesta dirigirte a él con amabilidad? Cuéntale a Dios cuáles son las cosas que con mayor frecuencia te hacen caer en modelos de conducta poco amables.

La declaración de Pablo de que puedes hacer todas las cosas a través de la fortaleza de Cristo te da esperanzas cuando los hábitos poco afectuosos te dominan. No puedes ganar esta batalla con fuerza de voluntad; es Cristo en ti quien ofrece la fortaleza que necesitas para amar a otros.

ORACIÓN

Padre, quiero romper los patrones poco
amorosos de mi vida. En particular, quiero

_____.

Haz del amor un estilo de vida todos los días

Sublime gracia

> De este modo todos sabrán que son mis
> discípulos, si se aman los unos a los otros.
>
> JUAN 13:35

En su libro *Gracia divina vs. condena humana*, Philip Yancey narra la historia de una prostituta que alquiló sexualmente a su hija de dos años y usó el dinero obtenido para comprar drogas. Cuando le preguntaron si no había pensado en ir a la iglesia en busca de ayuda, una expresión del «más puro e inocente estupor [...] pasó por su rostro. "¡La iglesia!", chilló. "¿Por qué habría yo de ir allí? Ya me siento bastante mal conmigo misma para que me hagan sentir peor"».

Esta mujer habla en nombre de muchas personas que creen que el cristianismo se relaciona más con la crítica que con el amor. En realidad, los cristianos tienen el llamado a mostrar el camino con amor. Cuando somos poco amables, impacientes, faltos de perdón, rudos, orgullosos, especuladores y deshonestos, perdemos algo más que la oportunidad de conocer el gozo por amar a los demás. Perdemos una oportunidad de expresar el amor de Dios. Es más, nuestra conducta se convierte en un obstáculo entre otros y Dios.

Muchas personas maltratadas han dicho: «Si eso es ser cristiano, no quiero serlo». Al mismo tiempo, otros expresan: «Esa persona me mostró amor cuando yo no lo merecía. Quiero descubrir por qué». ¡Cuántas oportunidades tenemos de sorprender a otros con un espíritu de servicio! Solo cuando amamos con el amor de Dios podemos darle esperanza a un mundo desesperanzado.

ORACIÓN

*Señor, gracias por la oportunidad de mostrarles
amor a los demás. Ayúdame a ser un canal de tu
amor para que otros deseen conocerte.*

Haz del amor un estilo de vida todos los días

«Más que nadie»

> Yo les he dado a conocer quién eres, y seguiré
> haciéndolo, para que el amor con que me has
> amado esté en ellos, y yo mismo esté en ellos.
> (LA ORACIÓN DE JESÚS POR TODOS LOS
> CREYENTES)
>
> JUAN 17:26

Durante su infancia, Mary Beth supo que sus padres la amaban aunque no eran muy expresivos. Recuerda con cariño la rutina de ir a la cama porque era cuando se percataba de su amor con más claridad. Todas las noches, la mamá la arropaba y le decía: «No lo olvides nunca: mami te ama, papi te ama y Jesús te ama más que nadie».

Ahora Mary Beth es adulta y la enérgica personalidad de su madre se ha atenuado bajo los efectos del Alzheimer. Tanto ella como su padre cuidan de la mamá y Mary Beth, tomando las manos de su madre entre las suyas, repite las palabras que escuchó de pequeña: «No lo olvides nunca: yo te amo, papi te ama y Jesús te ama más que nadie».

Mary Beth no sabe cuánto logra comprender su madre. Reconoce que estas sencillas palabras hablan directo a su corazón porque le recuerdan que el amor de Dios en nosotros es poderoso, sin importar cómo nos sintamos. Nuestro amor es incompleto, pero seguimos amando a las personas, sabiendo que Jesús obra por medio de nosotros para mostrarles a otros el amor de nuestro Padre celestial.

Dios es el que nos ama más de lo que podamos imaginar. Dios es el que nos da el deseo de amar a otros de manera efusiva. Y Dios es el que hace que recordemos que el incondicional amor de Cristo en nosotros es lo que importa, más que nadie.

ORACIÓN

*Padre, ayúdame a entender tu amor de manera
tan profunda que pueda manifestarlo con
mayor libertad.*

CONCLUSIÓN

Amar a los demás es el resultado de acercarnos a Dios. Espero que tu viaje a través de este libro te haya ayudado en eso. La pregunta ahora es: «¿Adónde voy a partir de ahora? ¿Cómo continuar avanzando en este camino del amor?». Permíteme sugerir que continúes de la manera que lo iniciaste: bebiendo de la fuente del amor de Dios. Con esto en mente, te invito a que pongas en práctica tres pasos sencillos que han sustentado muchos cristianos a través de los años.

Primero, aparta un tiempo diario para escuchar la voz de Dios. Lo que me ha sido útil en este sentido es leer un capítulo de la Biblia después de orar diciendo: «Padre, mis oídos están abiertos. Quiero escuchar lo que tengas que decirme». Mientras lees el capítulo, subraya las frases o las expresiones que te hayan impactado. Luego, habla con Dios sobre las cosas que subrayaste. Esta es una manera práctica de mantener una conversación diaria con Dios. Al fin y al cabo, tu relación con Dios es una relación de amor. Él inició el proceso; tú le correspondes escuchándolo y comunicándote con Él.

Segundo, pídele todos los días a Dios que derrame de su amor en tu corazón y que te permita ser un canal de su amor que fluya hacia otros. Pídele que te muestre oportunidades donde puedas expresar amabilidad, paciencia, perdón, cortesía, humildad, generosidad y sinceridad.

Tercero, comprométete a ser una persona íntegra, alguien que no permite que los fracasos personales se conviertan en barreras entre los demás y tú. Pídele a Dios que te dé el valor para disculparte cuando ofendes a otros. No tienes que ser perfecto para reflejar el amor de Dios, pero debes lidiar de manera eficaz con tus debilidades.

Además de estos tres pasos, te sugiero que continúes buscando formas de unirte a otros cristianos en adoración a Dios, alentándose los unos a los otros y buscando la manera de servir juntos a Dios al servir a los demás. Nos diseñaron para vivir en comunidad con otros miembros del cuerpo de Cristo. Tenemos mucho para dar y mucho para recibir de otros cristianos.

Cuando Cristo vuelva, no preguntará a cuántos estudios bíblicos asistimos ni cuántos versículos de la Escritura memorizamos. Su pregunta será: «¿Qué tan bien me representaste?». La mayoría de los logros que los seres humanos honran como señales de grandeza se olvidarán algún día. El amor nos seguirá por la eternidad. En un mundo enloquecido por el odio y la codicia es maravilloso conocer un amor que no tiene fin... ¡y qué privilegio es poder demostrarlo a otros cada día!

NOTAS

Por favor, ten presente que todas las direcciones de Internet estaban activas y eran apropiadas en el momento que se escribió este libro. Lamento no poder garantizar su disponibilidad ni el contenido más allá de ese tiempo.

Primera parte: El amor como un nuevo estilo de vida

21 Margaret Nelson y Keri Pickett, *Saving Body and Soul*, Shaw, Colorado Springs, CO, 2004, pp. 75, 29, 27, 75.

Segunda parte: Bondad

37 Associated Press, «Study: Babies Can Tell Helpful, Hurtful Playmates», CNN.com, 21 de noviembre de 2007, www.cnn.com/2007/HEALTH/11/21/infant.judging.ap/index.html.

41 Jenny Friedman, *The Busy Family's Guide to Volunteering*, Robins Lane, Beltsville, MD, 2003, p. 13.

43 C. S. Lewis, *Cartas a una dama americana*, Eerdmans, Grand Rapids, MI, 1978, p. 108.

47 Jenna Glatzer, «A Girl's Home Is Her Castle», en *Stories of Strength*, ed. Jenna Glatzer, Lulu.com, Morrisville, NC, 2005, pp. 172–173.

Tercera parte: Paciencia

57   Michael Kahn, «A Bad Relationship Can Cause Heart
     Attack: Study», Reuters, 7 de octubre de 2007, www.reuters.
     com/article/healthNews/idUSL0824271720071008.

59   Citas de Jack Canfiels y Mark Victor Hansen, comps.,
     A Third Serving of Chicken Soup for the Soul, Health
     Communications, Deerfield Beach, FL 1996, p. 275.

63   Ruth Bell Graham, *An Extraordinary Life*, W Publishing,
     Nashville, 2003, p. 173.

67   Eugene Peterson, *Earth and Altar*, InterVarsity, Downers
     Grove, IL, 1985, p. 78.

69   Don Fields, «Forty Years of Prayer», *Finding God Between
     a Rock and a Hard Place*, comp. Lil Copan y Elisa Fryling,
     Harold Shaw, Wheaton, IL, 1999, pp. 36-38.

74   Frederick William Faber, *Growth in Holiness*, Thomas
     Richardson, Londres, 1860, p. 151.

Cuarta parte: Perdón

79   Immaculée Ilibagiza, *Left to Tell*, Hay House, Carlsbad, CA,
     2006, pp. 203-204.

85   Fiódor Dostoievski, *Los hermanos Karamazov*,
     www.bibliomania.com/0/0/235/1030/frameset.html.

91   Linda Strom, *Karla Faye Tucker Set Free*, Shaw Books,
     Colorado Springs, CO, 2000, p. 49.

93   Jane Stuart Smith y Betty Carlson, *Great Christian Hymn
     Writers*, Crossway, Wheaton, IL, 1997, p. 164.

95   Henri Nouwen, *Here and Now*, Crossroad, Nueva York,
     1994, p. 60.

97   Colin Moynihan, «Goodbye to Bad Memories, or Old
      Electric Bills», *New York Times*, 29 de diciembre de
      2007, www.nytimes.com/2007/12/29/nyregion/29shred.
      html. Véase también «New Yorkers Shred Bad Memories
      of 2007», IOL, 31 de diciembre de 2007, www.
      iol.co.za/index.php?set_id=1&click_id=29&art_
      id=nw20071231135802918C482393. Ver también New
      York Associated Press, «Shred Your Bad Memories of 2007»,
      2News, 19 de diciembre de 2007, www.2news.tv/green/
      greennational/12631611.html.

101   Associated Press, «Infamous Boston Jail Now a Luxury
      Hotel», MSNBC, 7 de noviembre de 2007, www.msnbc.
      msn.com/id/21676139. Véase también www.libertyhotel.
      com.

Quinta parte: Cortesía

107   Madre Teresa, *In My Own Words*, comp. José Luis González-
      Balado, G.K. Hall and Liguori, Liguori, MO, 1996, p. 69.

109   La información y las citas se tomaron de «The Martyrdom
      of Saint Polycarp, Bishop of Smyrna, as Told in the Letter
      of the Church of Smyrna to the Church of Philomelium»,
      hallado en diversas fuentes como, por ejemplo, Christian
      Classics Ethereal Library, www.ccel.org/ccel/richardson/
      fathers.vii.i.iii.html.

111   C.S. Lewis, *The Weight of Glory*, Macmillan, Nueva York,
      1949, p. 19.

113   Margaret T. Jensen, *First We Have Coffee*, Here's Life, San
      Bernardino, CA, 1982, p. 110.

117   Esta anécdota de la vida de Gandhi se puede encontrar en
      diversas fuentes, como por ejemplo: http://jmm.aaa.net.au/
      articles/552.htm.

121   A&E Television Network, *The Greatest Presidential Stories
      Never Told*, HarperCollins, Nueva York, 2007, p. 20.

125   Ric Kahn, «Politeness Pleas», Boston Globe, 23 de diciembre
      de 2007, www.boston.com/news/local/massachusetts/
      articles/2007/12/23/politeness_pleas/?rss_id=Boston.
      com+--+Massachusetts+news.

127   Para más detalles sobre esta historia, véase de Geoffrey
      Hanks y Christian Herald, *Seventy Great Christians*,
      Christian Focus, Escocia, 2003, p. 260. Véase también:
      http://en.wikipedia.org/wiki/Dwight_L._Moody.

Sexta parte: Humildad

133   Miriam Huffman Rockness, *A Passion for the Impossible*,
      Harold Shaw, Wheaton, IL, 1999, p. 190.

135   Mark Galli y Ted Olden, ed., *131 Christians Everyone Should
      Know*, Broadman & Holman, Nashville, TN, 2000, p. 206.

141   Para más información sobre Friedrich Nietzsche,
      véase *Catholic Education Resource Center*, en www.
      catholiceducation.org/articles/civilization/cc0009.html.

143   Kim Bolton con Chris Wave, «Da Big Chair», en *Finding
      God Between a Rock and a Hard Place*, comp. Copan y
      Fryling, pp. 134-136.

145   Sra. Howard Taylor, *Borden of Yale '09*, China Inland
      Mission, Filadelfia, 1927, p. 275.

148   Warren Wiersbe, citado por George Sweeting en *Who Said
      That?*, Moody, Chicago, 1994, p. 369.

151 Cornelia Lehn, *Peace Be with You*, Faith and Life, Newton, KS, 1980, p. 91.

153 Robert Goodwin, Thomas Kinkade y Pam Proctor, *Points of Light*, Warner, Nueva York, 2006, p. 8.

Séptima parte: Generosidad

159 William Garden Blaikie, *The Personal Life of David Livingstone*, Adamant Media, Chestnut Hill, MA, 2005, p. 139.

165 Oren Yaniv y Leo Standora, «Courageous Final Act of Professor», *New York Daily News*, 17 de abril de 2007, www.nydailynews.com/news/ny_crime/2007/04/17/ 2007-04-17_courageous_final_act_of_professor.html.

167 Juan Bunyan, El progreso del peregrino, texto en inglés disponible en http://books/google.com/books?id=yNgGAA AAYAAJ&pg=PA220&lpg=PA220&dq=there+was+a+man+ though+some+did+count+him+mad&source=web&ots=7w njyTbwGi&sig=Qf51ghvhjoObMMirrt8WCgngzCI.

172 Para más información sobre esta iglesia, véase www.churchatrockcreek.org.

179 Sebastian Junger, «Sebastian Junger: Welcome Stranger», *National Geographic Adventure*, www.nationalgeographic. com/advernture/0605/features/sebastian_junger.html.

Octava parte: Sinceridad

183 Daniel Taylor, *Cartas a mis hijos*, InterVarsity, Downers Grove, IL, 1989, pp. 96-97.

187 Jennifer Riley, «Analysis: Why Muslims Follow Jesus», *Christian Post Reporter*, 16 de noviembre de 2207, www.christianpost.com/article/20071116/30110.htm.

189   «Caution: This Office Is a Gossip-Free Zone»,
      Good Morning America, 13 de noviembre de 2007,
      http://abcnews.go.com/GMA/WaterCooler/
      Story?id=3857737&page=1.

191   Steven D. Levitt y Stephen J. Dubner, *Freakonomics*,
      edición revisada, William Morrow, Nueva York, 2006,
      p. 239.

194   M. Craig Barnes, *Hustling God*, Zondervan, Grand Rapids,
      MI, 1999, p. 34.

197   En un principio, esto se publicó en 1859 en *A Life for a
      Life*, por Dinah Craik. El texto del libro está disponible en
      Internet en www3.shropshire-cc.gov.uk/etexts/E000329.
      htm.

199   Luci Shaw, *Horizons*, Zondervan, Grand Rapids, MI, 1992,
      p. 40.

Novena parte: Haz del amor un estilo de vida de todos los días

211   Philip Yancey, *Gracia divina vs. condena humana*, Editorial
      Vida, Miami, FL, 1998, p. 11 (del original en inglés).